Johann Georg Heinrich Feder

Über Raum und Kausalität zur Prüfung der Kantischen Philosophie

Johann Georg Heinrich Feder

Über Raum und Kausalität zur Prüfung der Kantischen Philosophie

ISBN/EAN: 9783743614031

Hergestellt in Europa, USA, Kanada, Australien, Japan

Cover: Foto ©Thomas Meinert / pixelio.de

Weitere Bücher finden Sie auf **www.hansebooks.com**

Ueber Raum und Caussalität zur Prüfung der Kantischen Philosophie

von

Joh. Georg Heinrich Feder.

Prüfet alles, und das Gute behaltet.

Göttingen,
bey Johann Christian Dieterich,
1787.

Vorrede.

Zufällige Ursachen machten, daß ich des Herrn Professor **Kant's** Kritik der R. V. und die darauf erfolgten Prolegomena viel später las, als ich neue Schriften berühmter Männer sonst zu lesen pflege. Mangel an Achtung für diesen so lange berühmten Philosophen war es nicht, was mich davon abhielt. Verschiedene seiner frühern Schriften, und besonders seine Träume eines Geistersehers ꝛc. hatte ich vorlängst mit ausnehmendem Vergnügen und gewiß nicht ohne

Nutzen gelesen. Durch einige ausführliche Auszüge und Anzeigen in G. Zeitungen hatte ich unterdessen von der Kritik der R. V. bald nach ihrer Erscheinung eine vorläufige Idee bekommen; die ich mir um so viel leichter weiter entwickeln konnte, da ich nicht nur mit den darin abgehandelten Gegenständen an sich, sondern auch mit der Manier und den Grundsätzen des Verfassers schon bekannt war. Und beym zusammenhängenden und aufmerksamen Lesen derselben wurde mir jene vorläufige Idee mehr bestätiget, als umgeändert. Nur lernte ich durch die genauere Bekanntschaft mit der ganzen Ausführung die dabey angewandte Kraft noch mehr schätzen. Eine über das Gemeine weit hinausgehende Denkkraft zeigt sich so wohl in dem viel umfassenden Blick, womit dieß Ganze der abstractesten Speculationen der Logik und Metaphysik gezeichnet

zeichnet und abgetheilt ist, als in dem Tiefsinn einzelner Untersuchungen; hauptsächlich aber in dem Scharfsinn, womit der Verf. die feinsten Verhältnisse ausspähet, sey's um seine eignen Ideen dabey zu verbinden und zu begründen, oder zu befürchtenden Einwürfen auszuweichen. Ueber die Sprache des Verf. — sind am allgemeinsten Klagen entstanden. Und ich muß bekennen, daß die große Anzahl griechischer, lateinischer und teutscher Kunstausdrücke auch mir nicht gefallen will; weil so viele Abweichungen von gemein üblicher Sprache, im Ganzen genommen, gewiß nicht so viel Vortheil als Schaden für die Absicht der Belehrung hervorbringen; bey einigen Lesern hingegen den Verdacht erwecken, als ob sie einer philosophischen Schrift ein mehreres Ansehen von Neuheit und Tiefsinn, oder wider Gegner die Exception des Nicht- oder nur

Halbverstandenen bereiten sollten. Bey allem dem finden sich doch auch in der Sprache des Verfassers der Kritik eigenthümliche Vollkommenheiten; bey denen ich in manchen Stellen — ich will ganz aufrichtig seyn — seine Stärke noch mehr, als bey seinen eigenen Gedanken, gefühlt habe.

Denn so viele Achtung ich auch für die philosophischen Einsichten des Herrn Prof., im Ganzen genommen, bisher gehegt habe, und ferner hegen werde: so kann ich doch freylich mit den eigenthümlichsten Begriffen und Grundsätzen seiner Philosophie in manchen Puncten nicht einstimmig denken; sondern halte mich vielmehr, zufolge meiner besten Ueberzeugungen, zum lauten Widerspruche, und, wenn es nöthig seyn sollte, zum fortgesetzten Streite dagegen verpflichtet.

Nicht aber aus dem Grunde, wie vielleicht den meisten andern, und wie der Verf. selbst in den Prolegomenis überhaupt zu vermuthen scheint, hat die Kritik der R. V. Unzufriedenheit in mir erregt. Nicht dadurch, daß sie mich aus einem behaglichen dogmatischen Schlummer, von dem ich kaum in meinen Jünglingsjahren etwas erfahren habe, geweckt hätte; nicht darum, daß der Verf. mir etwas an meinem geliebten synthetisch dogmatischen System von Metaphysik verrückt hätte, dergleichen ich in Göttingen wenigstens keines mehr gehabt habe. *)

*) Was Kant die Kritik der R. V. nennt, ist immer die einzige Art von Metaphysik gewesen, die ich schätzen konnte und zu lehren gesucht habe. Beym Antritt meines hiesigen Lehramtes 1768 schrieb ich ein Progr. *de Sensu interno*. Im Eingang desselben unterschied ich zuerst zwey Arten gewöhnlicher Metaphysik, die synthetisch demonstrative und die analytisch dogmatische. Und nachdem ich meine Bedenklichkeiten gegen beide geäußert, erklärte ich mich

Sondern gerade umgekehrt; darin scheint mir der Königsbergische Philosoph es versehen zu haben, daß er in manchen Stücken

mich für eine dritte Art, die ich mit dem Namen Metaphysica indagatrix unterschied; vermuthlich, weil ich mit dem Namen analytisch = skeptische M. damals Anstoß zu erregen befürchtete. Es sey mir erlaubt, die Stelle, die den kurzgefaßten Begriff enthält, hieher zu setzen. Circumspicienti itaque, quam ipse in hoc studio viam ingrederer, ea mihi valde arrisit scopoque convenientissima visa est metaphysica, quae quid homines sibi velint notionibus istis generalissimis, et quae sint ea, in quibus omnes consentiunt, iudicia, accurate inquirit. Quare inprimis singularum notionum originem scrutatur, tum omnium inter se nexum, ex quo quid quaelibet alteri debeat, intelligi possit. Quo ipso perduci necesse est ad prima quaedam, quibus reliqua nitantur, iudicia etc. Qua ratione, habe ich in meinen Instit. Log. Met. §. 2. hinzugesetzt, nisi *inveniri* multa alias incognita, *castigari* certe atque *moderari* plurima utiliter possunt. Es kommt mir nicht in den Sinn, meine nach dieser Idee entworfenen Compendien mit der Kantischen Kritik in Vergleichung setzen zu wollen. Nur dieß wollte ich bemerklich machen, daß ich nicht darum gegen Herrn Kant die Feder ergriffen habe, weil er mir meine Cirkel verrückt; und daß ich, ohne diesen Namen zu gebrauchen, kritisch zu philosophiren wenigstens immer die Absicht hatte. Mit welchem Erfolge, das kömmt mir nicht zu, vor dem Publicum beurtheilen zu wollen.

Stücken selbst noch zu sehr dogmatisirt; d. h. zu sehr auf Gewißheit Anspruch macht, und, mehr als sich thun läßt, aus allgemeinen Begriffen und Grundsätzen ableiten und erklären oder erklärt haben will. Durch ein solches zu vieles Dogmatisiren ist er Idealist geworden; da er auf dem besten Wege war, die Sache des Menschenverstandes gegen die idealistischen Anmaßungen und Verwirrungen zu sichern. Nicht zu wenig mir hat er der auf Begriffe reiner Vernunft sich gründen wollenden Philosophie übrig gelassen; sondern zu viel. Denn dieß nur brachte die Folge hervor, daß er die empirische Philosophie, d. h. diejenige, die sich lediglich auf Beobachtungen und die Uebereinstimmung aller oder der meisten menschlichen Erfahrungen, und Schlüsse nach der Analogie derselben gründet, und in Sachen der Natur auf Demonstration aus den Begriffen gänzlich Verzicht thut, so herabwürdiget, wie er in den meisten hierauf sich beziehenden Stellen der Kritik, hauptsächlich aber in der Metaphysik der Sitten gethan hat. Es ist freylich natürlich genug, daß man auf jene empirisch analogische Philosophie mit einiger Verachtung herabsieht, ihr wenigstens nicht den Namen und Rang einer Wissenschaft zugestehen will; so lange man noch dafür hält, daß es doch noch einige, wenn auch von noch so beschränktem Inhalte, doch noch einige Philosophie aus Begriffen, die nicht auf der Erfahrung beruhen, gebe oder geben könne. Aber dieß ist es eben, was mich, so wie mehrere Philosophen vor und neben mir, zum Widerspruch gegen die Anmaßungen einer solchen rein demonstrativ seyn wollenden Philosophie bewogen hat; daß sie fast immer Verachtung der einzig möglichen menschli-

chen

chen Naturkenntniß nach sich gezogen hat.

Ich lasse sonst gern — zumal in Angelegenheiten des Verstandes — einen jeden seine eigene Wege gehn. Nicht nur weil den Kräften des einen angemessene Beschäftigung seyn kann, was für die Kräfte und Neigungen des andern es nicht ist; sondern weil auch die Erfahrung in vielen Beyspielen gelehrt hat, daß indem die Menschen eigene Wege nehmen, um zu suchen was sich nicht finden läßt, sie bisweilen andere nützliche Entdeckungen machen. So haben die Versuche der Alchimisten Nutzen gestiftet; indem sie zwar nicht aus Bley Silber oder Gold machen lehrten, welches sehr übel seyn würde; aber zu allerley Erfindungen in der Arzeneykunst, und den Fabriken, oder wenigstens zu den Belustigungen der natürlichen Magie, Anlaß gaben. Sie

können

können daher bey einigen Menschen immer geduldet, wenn gleich nicht empfohlen werden.

Bey Herrn Kant aber wurde die Herabwürdigung der Erfahrungsphilosophie um so mehr auffallend und beunruhigend; da sie gerade in Anwendung auf Moralphilosophie und natürliche Theologie am allerstärksten sich zu erkennen gab; und diesen allerwichtigsten Theilen menschlicher Erkenntniß zwar nicht alle Gründe schlechthin absprach, aber ihre besten, und am gemeinsten anerkannten Gründe, durch eine gewisse nachtheilige Vergleichung mit einer gewissen höhern, obgleich nur in Worten und Titeln vorhandenen, metaphysischen Philosophie, herabsetzte.

Aufs neue also durch die Kritik der R. V. und die sichtbaren Wirkungen, die sie

sie bisher hervorgebracht hat, und, ich darf es sagen, nach sorgfältiger Prüfung derselben mehr als je davon überzeugt, daß nichts, was in gewöhnlicher Sprache Begriff, Erkenntniß, Grundsatz irgend einer Art heißen kann, vor aller sinnlicher Wahrnehmung und Empfindung dem Menschen beywohne; und von der Schädlichkeit des Glaubens an eine nicht auf Erfahrung und analogischen Schlüssen völlig beruhenden Philosophie aufs neue und lebhafteste überzeugt, hielt ich es meiner Pflicht gemäß, ausführliche Untersuchungen über den menschlichen Verstand herauszugeben; in der Absicht, wo möglich, den Glauben vollends zu vernichten, wovon der kleinste Ueberrest, wie **Kants** Beyspiel beweiset, noch so schädlich werden kann, den Glauben an Begriffe, die nicht empirischen Ursprungs sind. Bald aber sahe ich ein, daß diese

Untersuchungen über den M. V. zur Aufklärung der Gründe der ganzen theoretischen Philosophie mehr Zeit erforderten, als ich nicht gern noch hingehen lassen wollte, ehe ich mich über die wesentlichsten Stücke der Kantischen Philosophie öffentlich erklärte. Diese Philosophie hat jetzt so viel Aufsehen, bey einigen Besorgniß, bey andern Bewunderung und Hoffnung erregt, daß es keinem Lehrer der Philosophie mehr erlaubt ist, von ihr zu schweigen. Die Grundsätze derselben hängen aber so zusammen, und sie hat so viel eigenes in ihrer Sprache, daß man sich nicht kurz fassen, oder beyläufig nur es thun kann, wenn man sich über sie, und besonders wenn man wider dieselbe sich erklären will. In meinen Vorlesungen, die in einem akademischen halben Jahre Logik und Metaphysik umfassen sollen, kann ich mich daher, wie überhaupt in weitläuftiges

Polemi-

Polemisiren, also auch in genaue Entwicklung und Prüfung der Kantischen Lehren, von denen ich abweichend denke, nicht einlassen. Was ich zur Beurtheilung derselben beybringe, kann wohl für die hellsten Köpfe zureichend seyn; aber nicht zur Belehrung der meisten unter denen, die doch auch gern Partey nehmen, oder wie es jetzt in der Philosophie stehe, wissen wollen.

So sah ich mich also, bey aller meiner Abneigung vor polemischer Schriftstellerey, und zumal im metaphysischen Fache, in die Nothwendigkeit gesetzt, etwas über die Kantische Philosophie der Presse zu übergeben. Und die beiden Hauptstücke, die ich ausgehoben habe, sind so vorzügliche und wesentliche Theile derselben, daß wer in diesen sich aufgeklärt hat, in den übrigen ohne viele Mühe fortkommen

kann.

kann. Erreiche ich durch gegenwärtige Abhandlung meine, in ihr selbst und in dem bisherigen der Vorrede, deutlich genug zu erkennen gegebene Absicht; oder treten andere mit mir hierin einstimmig denkende und an Talenten mich übertreffende Philosophen, dergleichen Teutschland mehrere hat, in eben dieser Absicht hervor: so werde ich dieser Art von Beschäftigung, je eher je lieber, ein Ende machen. Denn ob ich mich gleich zum Streiten entschließen kann, wenns seyn muß, und, Gott Lob, nichts fürchte und scheue, wo ich meine Pflicht vor mir sehe: so ist mir doch das Streiten an sich etwas sehr unangenehmes. Sollte ich aber die Ueberzeugung, die in mir vest gegründet ist, noch zu wenig dadurch in andern entstehen sehen: so werde ich meine dahin abzielenden Bemühungen in der einen oder der andern Form fortsetzen.

Nie

Nie werde ich dabey etwas begehen, was der Achtung entgegen wäre, die ein ansehnlicher Theil des Publicums dem Manne, gegen den ich streite, bisher erwiesen hat; und zu welcher ich mich selbst aufrichtig bekannt habe. Es ist mir nie halb so schwer geworden, Achtung und Liebe gegen diejenigen beyzubehalten, von denen ich mich in wissenschaftlichen Angelegenheiten entferne; als nur zu begreifen, wie man sich um solch einer Entfernung willen hassen und verachten könne. Und wie sollten diejenigen darum sich hassen, deren eigenthümliches Geschäft es ist, oder seyn soll, die Gründe der menschlichen Denkarten zu erforschen; da sich hiebey so sehr viele Ursachen abweichender Denkarten zu erkennen geben, die mit den schätzbarsten und liebenswürdigsten Eigenschaften des Verstandes und Herzens wohl bestehen können?

Auch bey den Eigenheiten der Kantischen Philosophie ist mir bald die Frage entstanden, woher sie so haben entstehen und sich behaupten können; und diese Frage ist auch mehrere male schon der Gegenstand der Unterredung mit Freunden gewesen. Die Antwort, die mir und andern dabey wahrscheinlich wurde, ist diese. Kant fing an zu philosophieren zu einer Zeit, da die synthetisch dogmatische, demonstrativ seyn sollende Philosophie in größtem Ansehen stand. Früh sah er zwar, auf eine sehr vortheilhaft ihn unterscheidende Weise, die Schwächen derselben ein. Früh gab er treffende Winke auf die Gebrechen derselben, im Scherz und Ernst; lange ehe er in voller Rüstung seiner Kritik gegen sie hervortrat. Unterdessen fuhr man auf der einen Seite fort zu demonstriren, nach wie vor. Und auf der andern Seite bildete sich eine Philosophie, die zwar auf jenes Demonstriren völlig Verzicht that; dafür aber auch in einer so alltäglichen, einfachen Kleidung erschien, daß sie kaum etwas von tiefsinniger Schulweisheit, oder schulgerechter Wissenschaft an sich zu haben schien. **Kant**, über jene Scheindemonstrationen erhaben, aber auch zu sehr Freund der abstractesten und tiefsinnigsten Speculationen in schulgerechter Form; zu sehr durch reine Mathematik gewöhnt an hohe Begriffe von wissenschaftlicher Erkenntniß, vermöge deren solch eine Erkenntniß genau bestimmte, überall fest an einander angeschlossene Begriffe, und scharfe Beweise aus diesen Begriffen erfordert; fand also — kein anderes Geschäfte seiner würdig, als jener dogmatischen Scheinwissenschaft zwar den Krieg anzukündigen, aber doch der Wissenschaft ihren Rang über bloßer empirischer Erkenntniß zu behaupten, und der transcendentalen Philosophie zu retten — was er glaubte, daß sich retten ließ. Und da blieben denn, nach der Meinung dieses Philosophen, außer den reinen Anschauungen des Raumes und der Zeit, die Kategorien oder reinen Verstandes-Begriffe; die zwar, ohne Hülfe der Erfahrung, leer an aller Erkenntniß, leere Titel und Formen ihm selbst zu seyn schienen; aber doch immer besser als gar nichts, immer noch mehr Anlage zur Wissenschaft, als die Analogien der Erfahrungsphilosophie. Kam etwa auch noch ein wenig Gefälligkeit für den Geschmack noch blühender Schulen hinzu; die gleichfalls keine empirische Philosophie anerkennen wollen, sondern Beweise aus den Begriffen zur Wissenschaft fordern? — Doch es ist vielleicht schon zu viel, was ich mir erlaubt habe, in Ansehung eines noch lebenden Philosophen. Ich würde mir nicht dieß erlaubt haben; wenn ich nicht glaubte, daß es dazu dienen könnte, die Aufrichtigkeit meiner Hochachtung für einen Mann, gegen den ich streite, begreiflicher zu machen.

Und eben die gute Meynung, die ich von Herrn **Kant** habe, lässet mich nicht zweifeln, daß er mich nicht nach ähnlichen Gesinnungen und Grundsätzen behandeln werde, wenn es ihm gefällt, mir zu antworten. Ob ich gleich meinen Plan und mein Betragen gegen ihn nicht ändern würde, wenn er es auch nicht thäte. Auf eine ungesittete oder vorsetzlich beleidigende Art zu streiten, wird mir Verstand und Herz nie erlauben; so sehr ich auch zur Freymüthigkeit geneigt bin, und diese um so mehr mir erlaube, eine je bessere Meinung ich von dem andern habe. Um dabey nicht unvermerkt zu weit zu gehen, und ins Beleidigende zu verfallen, habe ich mir für den Fall schriftlicher Aeußerungen, besonders bey Recensionen, immer zur Regel gemacht, mich zu fragen: **Würdest du so mit dem Manne reden, wenn er hier vor dir stünde, oder neben dir auf dem Canape säße?** Und wo ich im mindesten hieran zweifeln könnte, da würde ich allemal mein Urtheil, oder wenigstens die Ausdrücke desselben, mildern. Diese Regel beobachtete ich auch bey dieser Schrift. Was ich hier sage, würde ich Herrn **Kant** auf dem Canape ohne die mindeste Verlegenheit, und vielleicht noch einiges mehr, unter manchem freundschaftlichen Lächeln und manchem redlichen Handdruck, sagen können *).

Das

*) Und so bin ich auch gewiß, daß mein Freund und College, **Meiners**, dessen Herz von denen, die es kennen, nicht weniger geschätzt wird, als seine

Das Unangenehmste, was mir begegnen könnte, würde seyn, wenn ich genöthigt würde, mit meinem geschätzten Gegner über die rechtliche Bedeutung seiner Kunstwörter, und überhaut über Worte und Worterklärungen zu streiten. Nicht als ob ich meine Philosophische Sprache nicht zu rechtfertigen mich getraute, oder als ob überhaupt diese Art von Streitigkeiten die meiste Schwierigkeit verursachte; sondern weil sie die unfruchtbarste ist, und am leichtesten ein beleidigendes Ansehn annimmt. Letzteres zum Theil eben aus dem

 Grunde,

seine Gelehrsamkeit und Einsicht, gleichfalls ohne Verlegenheit und ohne allen bösen Willen Herrn Kant mündlich dasselbe sagen könnte, was er in der Vorrede zu seiner Psychologie öffentlich gesagt hat; und was, wie ich höre, einigen so übel aufgefallen seyn soll. Ohneracht die Sprache meines Freundes nicht die meinige ist, noch seyn kann: so halte ich es doch für meine Pflicht, zu sagen, daß ich diesen Theil seiner Vorrede im Mspt. gelesen habe. Der Unwille, den er erregt, muß also auch auf mich mit fallen.

Grunde, weil der Gegenstand geringfügig ist. Denn wenn ein Mann den andern erst in der Sprache seiner Wissenschaft unterrichten will! Daß **Kant** absichtlich der Vortheile, die die gehäufte und zum Theil selbst geschaffne Kunstsprache ihm geben kann, sich je bedienen werde, traue ich ihm nicht zu. Unterdessen habe ich doch Gelegenheit gehabt zu bemerken, daß er auch hierin bisweilen strenger verfährt, und sich härter ausdrücket, als mir nöthig und recht scheint. Gleich beym Namen Kritik, womit er das Unterscheidende seiner Philosophie bezeichnet, ist dieß der Fall. Es scheint ihm sehr zu misfallen, wann etwa jemand einmal den Namen Skepsis dafür gebraucht. Unterdessen ist es nicht nur der ursprünglichen, etymologischen Bedeutung des Wortes gemäß, sondern auch bisher unter den Philosophen gewöhnlich gewesen, unter einer

einer gemäßigten Skepsis eben das zu verstehen, was **Kant** Kritik nennt. Denn es wird doch nicht behauptet werden wollen, daß dieser Philosoph der erste sey, der überall die Gründe der speculaven Philosophie untersucht habe, um dadurch dem unbescheidenen oder unvorsichtigen Dogmatismus Einhalt zu thun? Nun habe ich nichts dagegen, wenn Jemand diese Untersuchung Kritik nennt. So wie ich es dem guten **Basedow** verzeihen konnte, daß er seine Philosophie, die fürwahr auch manche scharfe und gründliche Kritik gegen die Anmaßungen der demonstrativen Metaphysik enthält, Philalethie nannte *). Aber warum

*) **Basedow** sollte bey jetziger Gährung in der Philosophie nicht so bey Seite gesetzt werden. Nur er dürfte verglichen werden; und manches würde nicht mehr so neu und ungesagt scheinen. Auch er hat der Metaphysik, indem er die Schwäche ihrer Demonstrationen einsah und zeigte, durch das

rum sollten wir andern nun nicht mehr Philosophie sagen dürfen, weil **Basedow** Philalethie sagte? Und warum die Prüfung der Gründe — weil sie **Kant** Kritik nennt — nicht mehr Prüfung, Untersuchung, Beleuchtung, Skepsis nennen dürfen? Veniam hanc petimusque damusque vicissim; heißt es doch wohl hier auch. Man muß nur nicht gleich unter der Skepsis den äußersten Skepticismus verstehen, oder eine besondere Form für das allgemeine Wesen der Sache nehmen. Eine andere Skepsis war

das praktische Interesse, wie man's jetzt nennt, zu Hülfe kommen wollen. Er nannte dieß Glaubenspflicht; und fand wenig Beyfall damit. Und doch nahm er dem, was geglaubt werden sollte, nicht alle theoretische Vernunftgründe, sagte nicht, daß dieser Glaube Gegenstände annehmen oder voraussetzen solle, deren Wirklichkeit eben so wenig bewiesen als widerlegt werden könne, von denen wir gar keinen Begriff uns machen, von deren Wahrheit oder Falschheit, Seyn oder Nichtseyn, es gar keine Merkmahle gebe.

war die des Pyrrho, eine andere die des Karneades; eine andere gebrauchte Sokrates, eine andere Protagoras; und auf die ausgebreiteteste Bekanntschaft mit den Meinungen aller Philosophen vor ihm gegründet, war wiederum eine eigne Skepsis die des Aristoteles. Anders zweifelte der Philosophische Redner Cicero, anders der nach Ueberzeugung schmachtende Cartesius, anders der Jesuitische Huetius, und anders der von Gelehrsamkeit und dialektischer Kraft überfließende Bayle. Es gibt eine Skepsis, die schüchtern den Ausspruch thut, daß wir nichts, oder sehr wenig wissen; und eine Skepsis, die kühn und mit der dogmatischsten Mine eben diesen Ausspruch thut. Es gibt einen muthwilligen, mit dem, was Achtung oder Schonung verdient, leichtsinnig spielenden: es gibt einen schadenfrohen, am Einreißen

reißen dessen, was andere bauen, sich ergötzenden Skepticism. Und doch — wenn man auch unter der Skepsis den eigentlichen zu weit gehenden Skepticismus verstehen wollte; thäte man Herrn Kanten Unrecht, wenn man viele Theile seiner kritischen Philosophie eines solchen Skepticismus beschuldigte? Streitet er nicht allzu skeptisch gegen das Daseyn der Körper außer der Vorstellung? (*Sextus* lib. I. c. 7. 9.) Ist es nicht — der Sache und dem Ausdruck nach — Skepticismus, wenn er unserem Verstande, in Ansehung der unsichtbaren Wesen und der Weltursache, schlechterdings alle Erkenntniß und alle Merkmahle der Wahrheit abspricht, und nur um des praktischen Interesse willen das Glauben für nöthig erklärt? Macht er nicht vollkommen den Skeptiker, wenn er in der Disciplin der R. V. S. 776 ff.

die

die Anweisung gibt, wie man die Ideen von den nicht empfundenen und nicht empfindbaren Wesen polemisch gebrauchen könne; ob wir gleich von dem Objecte derselben nicht das mindeste wissen und dogmatisch behaupten können? Was sagt er endlich selbst ausdrücklicher, als daß die Absicht seiner Kritik gegen den Dogmatism gerichtet sey? Und so dünkt mich, ist es verzeihlich, wenn man die Kantische Philosophie, ob sie wohl in gewissen Stücken und in ihrer Form zu dogmatisch ist, in Ansehung ihrer wichtigsten Resultate für allzu skeptisch erklärt. Die Früchte dieser Art fangen auch bereits an sich genugsam zu zeigen. Diese Früchte waren mir vor Augen bey einigen Stellen meiner Schrift. Ueberhaupt aber muß nicht jeder Satz und noch weniger jedes Wort auf Kanten bezogen werden. Wenn ich einmal bey einer Materie

rie war, so setzte ich manchmal etwas hinzu, weil mir's in anderer Rücksicht nützlich schien. Daß ich bisher schon, und nach öfter in der Folge, meinen Gegner bloß mit seinem Namen, ohne Herr oder Professor, nenne; werde ich bey dem bessern Theil meiner Leser schwerlich zu entschuldigen haben. Denn dieser Name sagt für sich allein schon mehr, als die so gemein gewordenen Herr und Professor.

Göttingen, den 31 Jan. 1787.

Druck-

Druckfehler.

S. 2. Z. 8. v. u. für demnach l. dennoch
S. 12. Z. 11. beschwere l. beschweren
— Z. 12. und an einigen andern Stellen für denjenigen
l. denenjenigen
S. 14. Note l. *innata*
S. 15. entstanden l. entständen
S. 18. Note *abstractes* l. *abstraites*
reguises l. *requises*
S. 22. Z. 6. v. u. unterschieden l. unterscheiden
— Not. l. Phädon
S. 24. Z. 8. v. u. Zugestellung l. Zugesellung
S. 25. Z. 6. v. o. Verstellung l. Vorstellung
S. 45. Z. 8. v. o. l. Bestimmtheit
S. 118. Z. 3. v o. l. vorhandener
S. 166. v. u. Z. 6. l. unübersehbarem
S. 170. Z. 11. l. verbundnen
S. 192. Z. 3. v. u. l. Warnungen
S. 206. Z. 3. v. o. l. nächsten
S. 211. Z. 5. v. u. l. von
S. 238. Z. 3. v. u. l. fruchtbar
S. 259. Z. 3. u. 267. Z. 1. l. religiöser.

Hauptstück I.

Ueber die letzten Gründe menschlicher Erkenntniß vom Raum und von der Körperwelt.

---

§. 1.

Hauptsätze der Kantischen Lehre vom Raum und von der Körperwelt.

Die Kantische Philosophie vom Raum beruht auf folgenden Hauptsätzen:

1) Der Raum ist weiter nichts, als die Form oder Bedingung der sinnlichen Erkenntniß oder der Anschauungen des äußern Sinnes. Krit. der R. V. S. 22. ff.

2) Folglich muß die Vorstellung von ihm vor allen einzelnen Anschauungen oder Empfindungen der äußern Sinne schon in uns vorhanden seyn; der Begriff davon kann nicht durch Abstraction aus einzelnen Wahrnehmungen gebildet, sondern muß eine **reine** Anschauung und a priori seyn; eine Erkenntniß, die wir vor aller wirklichen Wahrnehmung haben können. Eb. u. S. 42.

3) Der Raum ist also eigentlich etwas **in uns**; der Raum, mit allen Erscheinungen, allen Körpern, die er in sich faßt; der äußere Sinn ist eine Eigenschaft unsers Gemüths. S. 22. 114. 366. ff.

4) Demnach läßt sich, nach gemeiner **Sprache**, sagen, daß die unsern Sinnen erscheinenden Dinge im Raume **außer uns** seyn. Denn dieß außer uns seyn, oder außer uns erscheinen, heißt eben so viel, als im Raum erscheinen, oder wahrgenommen werden. S. 370 ff.

5) Aber weil der Raum die Form und Bedingung der äußern Anschauungen ist; und die

von uns äußerlich wahrgenommenen Dinge, oder die Erscheinungen im Raum, nicht Dinge an sich sind, sondern nur Modificationen des äußern Sinnes, einer Eigenschaft unseres Gemüthes: so muß von diesen Dingen gelten, was vom Raum gilt. ll. cc. und Proleg. S. 60. f.

6) Folglich läßt sich von der Theilbarkeit des Raumes, die ins Unendliche geht, auf die Theilbarkeit der Materie, oder des Reellen im Raume, ins Unendliche mit Recht schließen.

§. 2.

Gegensätze.

Dagegen werde ich folgende Hauptsätze aufzuklären und zu erweisen suchen.

1) Raum ist ein Stück unserer äußern Anschauungen oder sinnl. Erkenntniß; das abgezogenste, leerste derselben, bloße Ausdehnung nach allen Richtungen, ohne irgend eine andere positive Eigenschaft.

2) Der Begriff oder die Vorstellung vom Raum wird nicht mit Grund als in uns, vor allen sinnlichen Wahrnehmungen vorhanden, angenommen; ob gleich diese Vorstellung eine reine Anschauung heißen kann, in so fern, als sie aller andern sinnlichen Vorstellungen entbehren kann, wenn sie einmal vorhanden ist.

3) Der Satz, daß der Raum nebst den Körpern etwas in uns sey, kann auf keine Weise gerechtfertiget werden; macht vielmehr alles dasjenige verwerflich, woraus er nothwendig folgt.

4) Wie die Vorstellungen von den Dingen außer uns und vom Raume in uns entstehen; kann nach keiner gültigen Voraussetzung erklärt werden; weiter, als daß die Umstände und Bedingungen angegeben werden, unter denen sie entstehen. Dieß kann uns aber doch nicht hindern, für völlig ausgemacht anzunehmen, daß die Gegenstände der sinnlichen Wahrnehmungen und der Raum, in dem sie sich befinden, außer uns vorhanden.

5)

5) Die Vorstellung vom Raum ist ein Stück unsrer Erkenntniß, und die Vorstellung des Undurchdringlichen, oder überhaupt des Reellen im Raum, ist ein anderes, eben so fest begründetes Stück unsrer Erkenntniß. Es kann also keines dem andern widersprechen. Aber es ist auch kein Grund vorhanden, die Prädicate des Einen auf das Andere überzutragen. Also ins besondre,

6) Kein Grund vorhanden zur Folgerung, daß das Reelle im Raume unendlich theilbar sey; wenn auch in einem gewissen Sinn zugegeben würde, daß der Raum ins Unendliche theilbar sey.

§. 3.

Erinnerung wegen des ersten Hauptsatzes und seines Gegensatzes.

Gegen den ersten Kantischen Grundsatz würde ich nichts einwenden; wenn er für sich allein da stände. Denn es ist gewiß, daß ohne Raum keine Körper da seyn, wir also auch keine Erkenntniß der äußern Sinne haben, uns gar nichts als außer uns vorhanden, bildlich vorstellen können. Raum ist also freylich Bedingung zu allen bildlichen, folglich zu allen bestimmtern Vorstellungen von Gegenständen des äußern Sinnes. Er möchte auch die Form dieser Erkenntniß heißen, im Gegensatz auf die eigentlichen Dinge im Raum, die Körper, deren allgemeines Wesen mit dem Namen der Materie bezeichnet wird; und deren Figur oder Form nichts anders als eine gewisse Gränzbestimmung im Raume ist.

Es kann auch mit dem Satz, daß der Raum Form oder Bedingung der Anschauungen des äußern Sinnes ist, sogleich die wahre und wichtige Lehre gegeben werden; daß alles dasjenige, wovon wir keine sinnliche Anschauung haben, was nicht unter den Typus oder die Form der äußern Sinne gehört, nicht mit der Vorstellung vom Raum verbunden, und gleichsam darein versetzt werden müsse. Eine Erinnerung, die bey den Fragen von der Seele und ihrer Vereinigung mit dem Körper, ihrem Sitze in irgend einem Theil desselben, so

wohl

wohl als in der Lehre von Gottes Daseyn und Allgegenwart, vor unstatthaften Bestimmungen bewahren muß. Unterdessen wird den in diesem ersten Kantischen Grundsatze enthaltenen Wahrheiten, durch die Art, wie ich meinen Gegensatz gefaßt habe, auch nichts benommen. Denn daß der Raum ein Stück der Erkenntniß des äußern Sinnes sey, kann leicht weiter dahin bestimmt werden, daß er ein **wesentliches**, von ihr nicht trennbares Stück ausmache. Daß er aber ein **Stück** derselben ausmache, und ein für sich bestehendes Stück, gibt Kant auch zu; indem er eben dieß die **reine Anschauung** nennet.

Es werden sich aber im Folgenden bald mehrere Gründe entdecken, warum ich meinen ganz simpeln Ausdruck lieber gewählt habe.

§. 4.

Anzeige der Kantischen Gründe für die Behauptung, daß die Vorstellung vom Raum nicht aus einzelnen Wahrnehmungen entsprungen, sondern vor aller Empfindung in uns vorhanden seyn müsse.

Der zweyte Grundsatz ist eigentlich die Basis der ganzen Kantischen Theorie vom Raum. Deswegen verweilt dieser Philosoph auch gleich anfangs dabey; und sucht ihn durch mehrere Gründe zu beweisen. Er läßt sich, in einem gewissen Sinn der Worte, aus dem erstern folgern. Darum habe ich ihn auch (§. 1.) in dieser Verbindung aufgestellt. Aber die Beweisgründe unseres Philosophen für denselben sind von ihm selbst (**Kritik d. R. V.** S. 23 ff.) so angegeben.

1) Um unsere Empfindungen auf etwas außer uns beziehen, um die dabey anscheinenden Gegenstände, als außer einander, in verschiedenen Orten uns vorstellen zu können; müssen

wir

wir schon die Vorstellung des Raumes haben. Folglich kann diese Vorstellung aus den äußern Erscheinungen nicht abgenommen, der Begriff vom Raum kann kein empirischer Begriff seyn.

2) Man kann sich niemahls eine Vorstellung davon machen, daß kein Raum sey; ob man sich gleich ganz wohl denken kann, daß keine Gegenstände darin angetroffen werden. Folglich muß der Grund dieser Vorstellung vom Raum tiefer in uns liegen, und unabhängig seyn von den Erscheinungen der Sinne: er muß vielmehr, als ihnen zu Grunde liegend, vor aller Erfahrung in uns (a priori) seyn.

3) Wäre die Vorstellung vom Raum ein aus der Erfahrung (a posteriori) erworbener Begriff: so könnte es keine höchste Gewißheit der geometrischen Grundsätze und der durch die Verbindung der Begriffe (synthetisch) entstehenden Wahrheiten derselben geben, die es doch gibt. Diese Grundsätze würden nichts anders als Wahrnehmungen seyn. Sie hätten also alle Zufälligkeit der Wahrnehmungen; und es wä-

re eben nicht nothwendig, daß zwischen zween Puncten nur eine gerade Linie sey; sondern man könnte nur sagen, so viel zur Zeit noch bemerkt worden, sey dieß so, u. s. w.

4) Es gibt gar keinen solchen allgemeinen Begriff vom Raume, wie es andere allgemeine Begriffe gibt, die aus mehrern einfachen Begriffen zusammengesetzt, oder aus mehreren ähnlichen Empfindungen abgezogen sind; z. B. vom Menschen, vom Staate. Dem Begriff vom Raume entspricht nur ein einziger Gegenstand, es gibt nur einen einigen Raum, der durch eine Anschauung a priori erkannt wird; aus welcher die Vorstellungen von mehrern Räumen nur erst durch Theilung, oder Einschränkuug entstehen. Nicht also umgekehrt entsteht der Begriff vom Raum überhaupt aus diesen letztern.

5) In der Vorstellung vom Raum liegt auch die Unendlichkeit desselben. Dieß könnte nicht seyn, wenn der Begriff vom Raum ein abgezogener Begriff aus den Vorstellungen einzelner

zelner begränzter Räume wäre. Unter dieser Voraussetzung würde der allgemeine Begriff vom Raum (der sowohl im Fuß, als in der Elle enthalten seyn müßte) überall in Ansehung der Größe nichts bestimmen. Diese im Grundbegriff liegende Unendlichkeit beweiset also, daß derselbe sich auf reine, von einzelnen Empfindungen unabhängig bestehende und eben deswegen gränzenlose Anschauung gründe.

§. 5.

Vorläufige Erinnerung zur Aufklärung und Bestimmung der Streitfrage vom Ursprung der Begriffe.

Ehe ich mich auf die Untersuchung einlasse, ob diese Gründe hinreichend seyn, die Priorität des Raumes in unserer Erkenntniß vor allen sinnlichen Eindrücken zu beweisen; muß ich erst zur Bestimmung des Streites noch etwas anmerken.

Es hat sich bey der allgemeinen Streitfrage, ob alle Begriffe des menschlichen Verstandes aus Empfindungen abstammen, oder ob vor aller Empfindung schon einige der Seele beywohnen — einer Streitfrage, an der von jeher fast alle Schulen der Philosophen Antheil nahmen — nur gar zu oft gezeigt, daß die eine streitende Parten etwas zu behaupten suchte, was die andere ganz und gar nicht zu leugnen begehrte. Von beyden Seiten wird noch jezt bisweilen über Misverständniß geklagt. Lasset uns denn sehen worauf es ankömmt, und von Alters her abgesehen war bey diesem Streite; und welcher Theil wohl das meiste Recht hat, über Misverständniß des andern sich zu beschwern; welcher durch seine Ausdrücke Anlaß dazu giebt.

Viele von denjenigen, die angeborne, oder vor allen sinnlichen Eindrücken und Gefühlen schon in der Seele liegende, Begriffe zu behaupten sich anheischig machen, kommen am Ende mit allen ihren Gründen und Einwendungen zu weiter nichts als daß sie darthun — was, wie mich dünkt, sich von selbst versteht — daß doch im Verstande, vor aller Empfindung, gewisse Bestimmungen, gewisse

Anla-

Anlagen, Kräfte, Richtungen seyn müssen, um es möglich zu machen, daß bey solchen Sinnesveränderungen (Eindrücken) solche Wahrnehmungen, und bey solchen sinnlichen Vorstellungen (Repräsentationen) solche Begriffe entstehen. Diese vor aller wirklichen Empfindung im Verstande zu Grunde liegenden Bestimmungen seiner wesentlichen Kraft, hat man in den neuern Zeiten unter uns angefangen, angeborne Begriffe zu nennen.

So war es nicht gemeynt, wenn unter den Alten Pythagoreer und Platoniker angeborne Ideen behaupteten, und die andern Schulen diese leugneten. Jene gaben deutlich genug zu erkennen, daß sie nicht, wie unsre neuern Vertheidiger der angebornen Begriffe, bloß allein entfernte Anlagen und Bestimmungen darunter verstanden, sondern die Worte in der eigentlichen Bedeutung nahmen; indem sie hinzusetzten, daß die Seele sich bey Gelegenheit der sinnlichen Wahrnehmungen ihrer längst besessenen Ideen nur wieder erinnerte.

So verstand es auch Cartesius nicht, wenn er behauptete, daß die Idee von Gott, als einem unendlich vollkommenen Wesen, angeboren sey. Damit wollte er doch nicht so viel sagen, daß der menschliche Verstand Kräfte und Bestimmungen in sich habe, vermöge deren er, bey Gelegenheit seiner Vorstellungen von der Welt, zur Idee von der Gottheit gelangte. Sondern in der Seele, meinte er, sey wenigstens eine solche Aenlichkeit mit Gott, daß ganz aus sich selbst die Seele die Idee von Gott nehmen könne. Unterdessen kann nicht geleugnet werden, daß Cartesius einige Zweydeutigkeit in seine Behauptung gebracht hat; indem er unentschieden ließ, ob die Idee von der Gottheit eine besondere Impression sey, oder nur der Stoff dazu in der Aehnlichkeit der Seele mit Gott. *)

Locke

*) Superest, vt mihi sit ineata, quemadmodum etiam mihi est ineata idea mei ipsius. Et sane non est mirum, Deum me creando ideam illam mihi indidisse, vt esset tamqnam nota artificis operi suo impressa; nec etiam opus est, vt nota illa sit aliqua *res ab opere ipso diuersa*, sed ex hoc vno, quod

Locke hat bey seiner Bestreitung der angebornen Begriffe und Grundsätze alle Zweydeutigkeiten und Misverständnisse sorgfältig aus dem Weg geräumt; hat aufs deutlichste sich erklärt, daß nicht die Frage sey, von angebohrnen Fähigkeiten, Wahrheiten, wenn sie vorgehalten würden, einzusehen, noch von Eigenschaften der menschlichen Seele, aus denen, bey dem innern Gefühl, oder der Reflexion, die Vorstellungen von geistischen Kräften und Zuständen entstanden; sondern von wirklichen Vorstellungen, in denen eine Erkenntniß läge.

Dessenungeachtet nahm Leibnitz gegen ihn die angebornen Ideen in Schutz. Aber nicht im Platonischen Sinn; wiewohl es ihm schien, daß sie sich auch so noch gegen die Lockischen Gründe vertheidigen lassen möchten. Sondern er bestimmte seine Meinung dahin, daß die

Deus me creauit, valde credibile est, me quodammodo *ad imaginem et similitudinem eius factum esse*, illamque similitudinem, in qua Dei idea continetur, a me percipi, etc. *Medit. tertia.*

die nothwendigen Wahrheiten, und sich darauf beziehenden Vorstellungen nur *virtualiter* in der Seele seyn; das heißt, daß sie bestimmte Richtungen und Tendenzen zu deren Hervorbringung und Erkenntniß habe. So wie in einem Stein — dieß Gleichniß gebraucht er, sein Gegner würde es schwerlich passend genug gefunden haben — die Form eines Bildes schon enthalten, und durch dessen Adern bemerklich gemacht seyn kann; wenn gleich noch kein Künstler diese natürliche Bestimmung bemerket, und die Figur herausgebildet hat. Bey seiner Abneigung vor dem Influxus physicus, mit welchem die Lockische Philosophie zusammenhieng, bey seiner Hypothese der Evolution aller unsrer Ideen aus der wesentlichen Kraft der Seele, und seiner bey dieser zu Grunde liegenden allgemeinen Idee von den Kräften als beständigen bestimmten Strebungen, konnte Leibnitz freylich nicht sehr geneigt seyn, die angebornen Ideen ganz aufzugeben. Dabey glaubte er — was die Erfahrung nicht immer bestätiget hat — der Mißbrauch der von der Behauptung angeborner Ideen zur Begünstigung tief gegründeter Vorurtheile, und Schwärmereyen gemacht werden könnte, ließe sich dadurch verhindern, daß man alles definirte, bis man auf die einfachsten Ideen käme. *)

Seit der Zeit haben viele unsrer Philosophen, Leibnitzen getreu, angeborne Begriffe so behauptet, daß sie sich am Ende hinter die Distinction *virtualiter* zurückzogen, und erklärten, daß sie nicht Erkenntnisse, oder eigentliche Vorstellungen, verstünden, sondern bestimmte Anlagen und Kräfte, vermöge deren unter gewissen Umständen jene sich hervorthäten.

So nennt nun auch **Kant**, ohne Leibnitzianer zu seyn, in seiner Kritik **Begriffe des reinen Verstandes**, die vor aller Erfahrung im Verstande vorhanden seyn, und die Erfahrung erst möglich machten, was er an andern Orten

*) *Nouv. Essais sur l'Entend.* ch. II.

Orten Functionen des Verstandes nennt, allgemeine Denkformen, zu denen die Erfahrung doch erst die Materie hergeben müsse; *) und von denen er ausdrücklich sagt, **) daß wir durch sie, an und für sich, ohne Erfahrungsvorstellungen zu Hülfe zu nehmen, ganz und gar nichts Bestimmtes erkennen; daß sie an sich bloße Denkformen, leere Titel zu Begriffen, ohne allen Inhalt seyn.

Nach

*) So sagt auch Leibnitz, bey seiner Behauptung; daß die nothwendigen Wahrheiten angeboren seyn, quoiqu'il soit vrai, qu'on n'envisageroit pas les idées, dont il s'agit, si l'on n'avait jamais rien vu ni touché. — et que nous ne saurions *avoir des pensées abstractes*, qui n'ayent point besoin de quelque chose de sensible; *quand ce ne servit que des caracteres tels, que sont les figures des lettres et les sons* — die denn doch schwerlich angeboren sind, — si les traces, sensibles n'etoient point requises, l'*harmonie préetablie* entre l'ame et le corps — *n'aurait point lieu*. N. E. p. 34.

**) Krit. S. 679. u. a. a. O.

Nach einer solchen Reduction *) der angebornen, oder vor aller Empfindung in uns vorhanden seyn sollenden Begriffe, bleibt nur noch die Frage übrig; wer sich am richtigsten und verständlichsten ausdrücke? Ob derjenige Theil, der da behauptet, der Mensch habe keine Begriffe, oder Ideen, vor aller Erfahrung, sondern bilde sich jene aus dieser? Oder derjenige, der angeborne, oder vor aller Erfahrung, aller Empfindung, vorhandne Vorstellungen und Begriffe in der Seele annimmt; unter diesen Begriffen und Vorstellungen aber nur Functionen oder Tendenzen des Verstandes sich denket, leere Denkformen ohne allen Inhalt?

Ich gebe also gern zu, und halte es für einleuchtend, daß in der menschlichen Seele, vor aller Erfahrung, eine Anlage oder bestimmte

*) Es war nicht die Absicht, hier eine vollständige Geschichte der Lehre von den angebornen Begriffen zu geben; sondern nur den großen Abstand der in diesen, oder ähnlichen, Ausdrücken liegenden Meinungen bemerklich zu machen.

stimmte Eigenschaft vorhanden seyn müsse, ohne welche die Vorstellung vom Raum ihr nicht zu Theil werden würde. Ohne Voraussetzung einer menschlichen Seele wird wohl schwerlich jemand eine menschliche Erkenntniß für möglich halten können.

Aber dieß gilt nun nicht allein von der Vorstellung vom Raum; sondern auch von allen unsern übrigen Vorstellungen, von Undurchdringlichkeit, Bewegung, von Licht und Luft, von Farben und Tönen, und allen unsern Empfindungen.

Also subjective, innere, ursprünglich der Seele zukommende Gründe der Vorstellung vom Raume zugegeben:

1) Ist damit das Daseyn des Begriffs oder der Vorstellung vom Raum vor aller Erfahrung, in der eigentlichen Bedeutung der Worte, noch nicht bewiesen;

2) Und ist dem Begriff vom Raum überall noch kein Vorzug vor andern sinnlichen Vorstellungen erwiesen.

Aber wir wollen nun die Kantischeu Gründe für die Priorität des Begriffs vom Raum vor aller Erfahrung selbst näher prüfen. Vielleicht bewiesen diese mehr, als die Priorität der reinen Verstandes Begriffe (Kategorien) nach Kants eigener Erklärung, nicht auf sich hat.

Es sind unter jenen Gründen wirklich einige den Platonischen Gründen für die angebornen Ideen völlig ähnlich; und sollen also vielleicht auch etwas diesen ähnliches beweisen, oder können es zu beweisen scheinen.

§. 6.

Prüfung des ersten Kantischen Argumentes zur Behauptung, daß die Vorstellung vom Raum nicht aus Empfindungen entstanden seyn könne.

Das erste Argument, womit Kant zu beweisen sucht, daß der Begriff vom Raum nicht aus den Empfindungen des äußern Sinnes allererst entstanden seyn könne, ist im Grunde dasselbe, womit schon Plato das Daseyn der Verstandesbegriffe vor den Empfindungen darthun wollte *). Wenn unsere Seele die Ideen vom Schönen, Wahren und Guten, und andern wesentlichen Eigenschaften der Dinge, nicht schon in sich selbst besäße, sagt er: wie könnte sie die sinnlichen Erscheinungen nach diesen Ideen beurtheilen, würdigen und eintheilen?

Die Antwort hierauf ist, daß zu der Zeit, wenn wir nach solchen uns innerlich vorschwebenden Ideen die Erscheinungen außer uns, als damit übereinstimmend oder nicht übereinsinnend, beurtheilen, sie anerkennen und unterschieden, wir freylich schon jene Ideen haben müssen. Aber, fragt sichs nun, konnten nicht diese Ideen aus Empfindungen gebildet werden seyn, ehe der Verstand so zu urtheilen angefangen hat?

Es

*) Im Phädon.

Es ist doch auch ausgemacht, daß viele Tausende von sinnlichen Eindrücken uns zu Theil werden, ehe es zu solchen Urtheilen kömmt?

Und eben also ist es freylich außer Zweifel, daß ohne die Vorstellung von Raum schon in unserer Gewalt zu haben, wir weder uns selbst von Dingen außer uns, noch diese unter einander, mit der Deutlichkeit und dem Bewußtseyn unterscheiden konnten, wie wir es nun können. Da aber auch dieser Unterscheidung Niemand vom ersten Anfang seines Lebens und Empfindens an sich bewußt ist: so muß doch, ehe die Vorstellung vom Raum als vor aller Empfindung in uns vorhanden angesehen werden darf, zuvor gefragt werden, ob sie nicht aus dem dunkeln Chaos der ersten sinnlichen Eindrücke konnte hervorgegangen, oder von der Denkkraft des menschlichen Geistes hervorgezogen worden seyn, ehe es zu der deutlichen Unterscheidung der Körper im Raume kam, deren wir uns erst nach Tausenden von sinnlichen Eindrücken bewußt werden?

Und so schwer es auch ist, von den ersten Anfängen der Begründung und Entwicklung menschlicher Begriffe, bis zu welchen kein Bewußtseyn zurückgeht, genaue und unzweifelhafte Rechenschaft zu geben, eben deswegen weil kein Bewußtseyn dahin reicht: so ist doch wenigstens in der das Kantische Argument begründenden Erfahrung nichts, was uns hinderte, die Vörstellung des Raumes, so wie Menschen sie haben, als ein allmähliges Product der mit einander vereinigten Empfindungen des Gesichts und des Gefühls zu halten *)

Denn der wesentliche Gehalt dieser Idee liegt doch in jedwedem Gefühle, das dem Menschen bey seinen Bewegungen entsteht; und mittelst der Zugestellung dieser Gefühle entwickelt er sich ihn auch aus jedem dem Auge erscheinenden Bilde.

Ihn

*) Ueber die Vorstellung blinder und nach geheilter Blindheit zu sehen anfangender Personen vom Raum wird weiter unten eine gegenwärtiger Untersuchung angemessene Betrachtung angestellt werden.

Ihn herauszufinden, aus beiderley sinnlichen Eindrücken, diesen Inhalt des Begriffs vom Raume, nun ja dazu gehört freylich eine Ideen bildende Kraft, gehört menschlicher Verstand. Aber der Unterschied dieser Behauptung, und der andern, daß die Verstellung vom Raum nicht aus der Empfindung entspringe, fällt in die Augen; und ich habe mich zum voraus gegen die Verwechselung derselben erklärt.

Hoffentlich wird doch Niemand, um dem bisherigen auszuweichen, dem Kantischen Satz den Sinn beylegen wollen, daß wir doch nicht **Dinge im Raum** wahrnehmen könnten, wenn nicht — Raum da wäre, und von uns wahrgenommen würde; oder daß es doch eine natürliche Ordnung bey der Anreihung unsrer Begriffe sey, erst den Raum, und hernach die Dinge im Raum zu setzen?

§. 7.

Prüfung des zweyten Argumentes; Unvertilgbarkeit der Vorstellung vom Raum.

Aber, sagt unser Philosoph ferner, die Unabhängigkeit der Vorstellung vom Raum und ihrer Gründe von den sinnlichen Eindrükken zu beweisen, diese Vorstellung vom Raum bleibt doch übrig, wenn man auch aller Vorstellungen von den Dingen im Raum sich enthält; und es ist nicht möglich, jener, so wie dieser, sich völlig zu entledigen.

Aber wenn auch diese Unmöglichkeit der Vorstellung des Raumes sich völlig zu entledigen zugegeben würde, wie sie hier angenommen wird, so folgte doch daraus nicht der streitige Satz. Denn es läßt sich gar manches nicht wieder wegbringen aus der menschlichen Natur, der Seele und dem Körper, wovon doch ausgemacht ist, daß es ursprünglich nicht darin war, sondern von außen her, durch Empfindungen, oder auf eine andere Weise hinein-

hineingebracht wurde. So können wir uns der Worte bey unserm Denken nicht enthalten; die uns doch von außen beygebracht sind. Und Worte oder andere Zeichen, sind für die Verstandesbegriffe beynahe eben das, was der Raum für die sinnlichen Vorstellungen ist.

Aber der Satz selbst, daß wir uns der Vorstellung vom Raum nicht entschlagen können, **keine Vorstellung davon machen können**, wie es unser Philosoph auch ausdrückt, daß kein Raum sey, verdient noch etwas näher beleuchtet zu werden.

1) Sollte es so viel heißen, daß wir uns nicht sinnlich, bildlich, vorstellen können, daß kein Raum sey: nun so wäre es freylich sehr wahr. Denn ein Bild ohne Raum ist nichts. Was folgt aber hieraus weiter, als daß der Raum ein wesentliches Stück der sinnlichen Vorstellung ist, das wenigste, was dazu gefordert werden kann, die einfachste Form derselben, die leere Ausdehnung?

2)

2) Eben so klar wäre der Satz, daß selbst unser Verstand das Daseyn des Raumes nicht leugnen kann, wenn gleich angenommen würde, daß keine Dinge im Raume vorhanden wären. Denn der leere Raum — und dieß ist eigentlich der Raum — bliebe doch übrig. Mein Verstand findet wenigstens keinen Grund dieß zu leugnen.

3) Daß wir uns überall der Vorstellung vom Raum bey unserm Denken nicht enthalten können; streitet selbst gegen die Kantische Philosophie, so wie gegen die Erfahrung. Raum ist nur die Form sinnlicher Erkenntniß, oder der Vorstellungen des äußern Sinnes. Zu den Empfindungen des innern Sinnes und den daraus entspringenden Begriffen, zu den Begriffen von Wahrheit und Gerechtigkeit, von Kraft und Güte u. s. w. gehört er nicht eigentlich und unmittelbar.

4) Unterdessen wissen wir es alle aus der Erfahrung zur Genüge, daß auch diese Verstandesbegriffe sich nur gar zu leicht mit der

sinn-

sinnlichen Vorstellung des Raumes verbinden, und darein versenken. Sie verrathen auch dadurch ihren sinnlichen Ursprung. Und wäre dieser auch nicht: so brächte es schon die Natur der zu allem unsern Denken so unentbehrlichen Sprache mit sich. Wir mögen mit Hülfe der Vorstellungen von Schrift- oder Ton-Zeichen unsere Begriffe erwecken, und festhalten: so versetzen wir uns, mittelst dieser Zeichen unablässig in die Vorstellung vom Raum.

5) Aber wirklich ists doch nicht die Vorstellung des leeren Raumes so ganz allein, die allem unserm Denken anklebt, und uns überall verfolgt. Kann sich denn wirklich ein lebendiger und seine Besonnenheit beybehaltender Mensch der Vorstellung von Dingen im Raume, oder der Vorstellung von Dingen, die den Raum hie und da begränzen, völlig enthalten?

Ich kann es bisweilen dahin bringen, wenn ich mir die beiden Augen fest zuhalte, daß

ich,

ich, auf einige Zeit, gar keine bildliche Vorstellung in mir gewahr werde, und also ohne die Vorstellung vom Raum bin. Aber dieß — Nichts, in welchem mein Anschauen verschwindet, verwandelt sich am ersten wieder in eine dunkle Fläche, ohne Abstand. Das Bild vom leeren Raum, ohne alle materielle Zusätze, ohne irgend eine Farbe, ohne irgend einen Mittelpunct meines Selbstgefühls, oder Gränzpuncte hier und da, kann ich mir nicht vorstellen.

Also von der Unvertilgbarkeit einer Vorstellung aus unserm Denken, läßt sich auf die Unabhängigkeit des Grundes derselben von den Gründen der Empfindung nicht schliessen.

§. 8.

Prüfung des dritten Argumentes. Nothwendigkeit der geometrischen Wahrheiten. Entwicklung des Hauptpunctes.

Das dritte Argument ist der Achilles unseres Philosophen, und macht die Hauptstütze

aller

aller seiner Beweise für die Möglichkeit und Wirklichkeit einer Philosophie, die mit ihren Begriffen nicht auf Erfahrung, sondern auf reine Vernunft sich gründen soll, aus. Es verdient also die sorgfältigste Erwägung.

Wäre die Vorstellung vom Raum die Frucht der Erfahrung: so wäre alle Erkenntniß vom Raum im Grunde nur Wahrnehmung, folglich zufällig; folglich wären die Grundsätze der Geometrie nicht apodiktisch gewiß. So schließt Kant.

Wahrnehmung; folglich zufällig? Wie sollen wir dieß verstehen?

Kann ich etwas erkennen, ohne es wahrzunehmen? Kann es also irgend eine nothwendige Erkenntniß, und irgend eine allgemeine Wahrheit für uns geben; wenn alle Wahrnehmungen nur zufällige Wahrheit enthalten?

Gefiele es aber jemanden, in die Erklärung des Wortes Wahrnehmung dieß mit hineinzubringen, daß darunter nur eine zufällige

lige Erkenntniß zu verstehen seyn solle: so wissen wir ja alle aus der Logik, daß Worterklärungen nichts in Ansehung der Natur der Dinge entscheiden können.

Oder was gibt es für einen andern Beweis, daß alle Wahrnehmungen nur zufällige Wahrheiten enthalten? Etwa darum, weil Wahrnehmungen sich auf das wahrnehmende Subject beziehen; auf irgend ein Verhältniß zwischen diesem und dem Objecte?

So frage ich:

1) Wer kann beweisen, daß es keine beständige und unveränderliche solche Beziehungen geben könne, oder wirklich gebe?

2) Und retorquire wiederum das Argument, wie gleich anfangs. Alle Erkenntniß ist ein Verhältniß zwischen dem erkennenden Subjecte und Object der Erkenntniß. Sollte also Wahrnehmung darum eine zufällige Erkenntniß seyn, weil sie nur auf einem Verhältnisse beruht: so ist alle Erkenntniß zufällige Wahrheit, auch die der geometrischen Grundsätze.

Oder soll eine Erkenntniß bloß subjectiven Grund haben, nur das Verhältniß der subjectiven Kraft und ihre eigenen Aeußerungen betreffen, um für solch ein Subject allgemein und nothwendig wahr zu seyn; nicht, wie die Erkenntniß der sinnlichen Erscheinungen, eingewirkt, von Dingen außer dem erkennenden Subjecte?

Ich dächte;

1) Bey einer so tiefen Einsicht in die Gründe des Idealismus, als die Kantische Kritik enthält, kann dieß wohl nicht die Meinung seyn; oder es auf die Frage hiebey ankommen, was in unserer sinnlichen Erkenntniß aus subjectiven und was aus objectiven (nämlich im anti-idealistischem Sinn objectiven) Gründen entspringe. Wenigstens wüßte ich nicht, wie sie, mit gehörigem Beweise, ohne alle petitio principii, so beantwortet werden könnte: daß die Vorstellung des Raums aus bloß subjectiven Gründen, die Vorstellungen aber von den Dingen im Raum aus objectiven Gründen entspringen.

2) Angenommen hievon, was man will; so fordre ich immer noch den Beweis für die Behauptung, daß jede aus innerlich subjectivem, und äußerlich objectivem Grunde zugleich entstehende Erkenntniß zufällig sey und seyn müsse. Man wird doch nicht a particulari ad vniuersale schließen: die meisten unserer Wahrnehmungen sind zufällig; also müssen sie es alle seyn.

Aber eine Wahrnehmung, eine Erfahrung, wie kann die eine allgemeine und nothwendige Wahrheit lehren? Sie lehret, was jetzt ist, und wenn sie mehrere male einstimmig vorkam, was mehrere male gewesen ist. Aber wie kann sie lehren, was immer und überall seyn werde, und daß das Gegentheil nicht seyn könne?

Da sind wir nun bey der Hauptfrage, mit welcher Hume's Skepticismus, oder wenn man lieber will Kritik, die Wissenschaft der Vernunft angreift. Und ich bin gern gleich jetzt bis zu ihr fortgegangen; obwohl Kant sie hier noch nicht aufgeworfen hat. Denn

Denn außerdem hätten alle meine Einwendungen gegen das Kantische Argument nur Ausflüchte, oder höchstens κατ' ανθρωπον scheinen können.

§. 9.

Fortsetzung. Erster Blick in den Grund unsrer nothwendigen Wahrheiten.

Meine letzte Antwort also nicht bloß auf die besondre Frage, wie die Lehrsätze vom Raum nothwendige Wahrheiten seyn können, wenn sie nur auf Wahrnehmungen beruhen; sondern zugleich auch auf die allgemeine Humische Frage, wie wir mittelst der Erfahrung zum Begriff von Nothwendigkeit, und zur Erkenntniß nothwendiger Verhältnisse gelangen können, ist diese.

Wir empfinden Nothwendigkeit; so oft wir empfinden, daß wir etwas nicht können; und dieß ist doch fürwahr der Fall oft genug. Denn nothwendig ist, wovon das Gegentheil nicht seyn kann. Was wir nicht ändern können, müssen wir so lassen; und was wir nicht lassen können, müssen wir thun.

Dieß ist subjective Nothwendigkeit, höre ich mir entgegen rufen; die Frage aber war von objectiver Nothwendigkeit. — Geduld; wir werden dahin kommen. Es hat aber seinen guten Grund, von hier auszugehn.

Diese — sey es denn fürs erste nur subjective — Nothwendigkeit, die wir empfinden, ist im einzelnen Falle nur Nothwendigkeit des gegenwärtigen Zustandes; und wird für bedingt erkannt, so bald sich dieser Zustand so verändern läßt, daß sie aufhört. Wenn wir nun aber diesen Zustand nie und auf keine Weise verändern, diese Nothwendigkeit nicht wegbringen können, ganz und gar nicht zeigen und begreiflich machen können, wie sie weg seyn könnte: wie sollen wir sie alsdenn nennen? Noch eine bedingte, eine zufällige Nothwendigkeit? Dieß wäre ja widersprechend, wenigstens ohne Grund. Also eine absolute Nothwendigkeit, wenigstens für uns.

Und

Und wenn wir fänden, daß alle Menschen, die wir so weit kennen lernten, in derselben Nothwendigkeit sich befänden; wenn wir nicht den mindesten Grund hätten, zu vermuthen, daß es vielleicht bey einigen anders seyn möchte; ja wenn wir uns ganz und gar keine Vorstellung davon machen könnten, wie es bey irgend einem andern Menschen, oder irgend einem empfindenden, wollenden, denkenden Wesen anders seyn könnte: dürften wir noch Anstand nehmen, diese sich uns zu empfinden und zu erkennen gebende Nothwendigkeit, sie betreffe objectivisch, was sie wolle, für absolut und allgemein statt findend zu halten? Wenn unsere Urtheile sich nach Gründen richten müssen; gewiß nicht.

Ich hoffe, man wird es dieser Deduction unserer Begriffe und Urtheile von Nothwendigkeit aus Gefühlen und Wahrnehmungen, wenn man ein wenig darüber nachdenkt, bald zugestehen, daß sie weiter ausreiche, als bloß allein auf die Frage vom Grunde der Nothwendigkeit der geometrischen Wahrheiten. Im Kapitel von der Caussalität soll das weiter entwickelt werden. Die gegenwärtige Absicht erlaubt es jetzt noch nicht; ich kehre zu derselben zurück.

Unsere Wahrnehmungen vom Raum, und von dem, was sich in ihm setzen und bestimmen läßt, enthalten nothwendige Wahrheiten darum, weil wir nicht fähig sind, das Gegentheil davon uns vorzustellen. Was wir auf keine Weise denken können, ist für uns nichts. Und was wir nicht anders, als so denken können, ist für uns, oder nach dem Urtheil unsers Verstandes, nothwendig so. Mag nun die Unmöglichkeit das Gegentheil zu denken ihren letzten Grund haben, wo sie will.

So oft wir nun das Gegentheil von etwas schlechterdings nicht denken können, ist dasselbe eine nothwendige Wahrheit oder Denkart. So oft wir hingegen nur einen stathaften, das heißt, dem für nothwendig erkannten angemessenen,

gemessenen, und nach den Gesetzen des Rechtverhaltens zureichenden Grund haben, etwas vielmehr, als sein Gegentheil, zu vermuthen, und anzunehmen, ist es nicht absolut nothwendige Denkart, sondern nur wahrscheinliche, vielleicht verbindliche Denkart, oder moralisch gewiß.

Diese beiden Grundsätze enthalten die letzten Gründe alles vernünftigen Denkens.

§. 10.

Vergleichung des Cartesischen Zweifels mit dem Humischen.

Es ist bekannt, daß Cartes noch einen Schritt weiter gieng, als Hume, im Angriff auf unsere nothwendigen Wahrheiten; indem er selbst den Satz vom Widerspruch, dieses Grundprincip unsrer Urtheile, für eine Folge des göttlichen Willens erklärte. Quoniam Deus voluit, tres angulos trianguli necessario aequales esse duobus rectis; idcirco iam hoc verum est, et fieri aliter non potest, *atque ita de reliquis.* Dieß sind seine bekannten Worte.

Hierauf läßt sich weiter nichts antworten, als daß die Behauptung, Gott hätte, wenn er gewollt hätte, machen können, daß etwas zugleich Cirkel und Viereck u. s. w. keinen Grund hat, und allen Gründen unsers Denkens zuwider ist. Und dieß ist auch genug geantwortet. Denn wie können wir gelten lassen, was ganz und gar keinen Grund hat, und der ganzen Natur unsers Verstandes und unserer Erkenntniß zuwider ist?

Aber mit eben dieser Antwort lassen sich noch mehrere skeptische Einfälle entkräften. Obgleich sie selbst, wie alles, gemisbraucht, und zu weit ausgedehnt werden kann. Wenn man nemlich, als schlechterdings nicht denkbar, oder dem Menschenverstande widersprechend, auch dasjenige verwirft, was man nur aus seinen eingeschränkten Erfahrungen

und

und Begriffen sich nicht erklären, oder völlig bestimmt und deutlich machen kann.

§. 11.

Warum es außer der reinen Mathematik keine apodiktische Gewißheit gibt; oder in wie fern auch außer derselben?

Es wird keine zweckwidrige Ausschweifung seyn, wenn wir hiebey noch etwas genauer erwägen; worin der Unterschied der rein mathematischen und der philosophischen Erkenntniß eigentlich liege; und der Grund, warum diese nicht, eben so gut wie jene, apodiktische Beweise liefern könne.

Es erhellet aus dem Bisherigen schon zur Gnüge, daß ich nicht in dem Sinn, wie Herr Kant (Proleg. S. 28.) annehme, daß rein mathematische Sätze jederzeit Urtheile a priori, und nicht empirisch seyn. Und dieß braucht auch nicht angenommen zu werden, um sich den Unterschied der mathematischen und philosophischen Erkenntniß, und die vorzügliche Gewißheit oder Evidenz der erstern erklären zu können. Dieser Unterschied und diese Evidenz beruhen lediglich darauf, daß die reine Mathematik es mit Vorstellungen zu thun hat, die einer vollständigen Deutlichkeit und Bestimmtheit fähig sind, welches bey der Philosophie der Fall nicht ist, und nicht seyn kann. Die reine Mathematik abstrahirt nemlich von allen Kräften oder wirksamen Eigenschaften der Dinge; sie hat es weder mit (physischen) Körpern, noch mit Seelen zu thun; die die Gegenstände der Philosophie ausmachen. Gegenstände, die nothwendig etwas undurchdringliches, undurchschauliches für uns haben müssen, da wir sie nur immer in gewissen Verhältnißen wahrnehmen. Wo sollen die Beweise aus der Natur der Sache nach vollständig deutlichen Begriffen von derselben, herkommen; wie die Beweise aus der Natur eines Triangels oder Cirkels vermöge der ganz deutlichen Begriffe von denselben sind?

Wenn wir gleich durch viele Beobachtungen es dahin bringen, daß wir gewisse Eigenschaften und Verhältnisse in der Natur der Dinge, für allgemein und nothwendig halten dürfen: so sehen wir doch immer nicht der Sache auf den Grund, sind wohl berechtiget zu sagen so ist es, aber nicht, so muß es seyn, anders läßt sichs gar nicht denken, und kann nie anders werden. Unsere besten Einsichten sind bey dieser Undurchdringlichkeit und Undurchschaulichkeit der Wesen immer noch mit Dunkelheit umgeben; es ist nicht alles evident.

Da diese wirksamen Eigenschaften, die Kräfte, die eigentliche Natur der wirklichen Dinge ausmachen, so kann auch gesagt werden, daß die Philosophie es mit wirklichen Dingen zu thun habe, die reine Mathematik hingegen mit bloßen Vorstellungen; die aber freylich in der wirklichen Natur unsern Bedürfnissen noch immer hinreichend entsprechende Anwendungen finden.

Also

Also die Verschiedenheit der Gegenstände, die bey der reinen Mathematik bloße Vorstellungen, und einer völligen Deutlichkeit und Bestimmtheit fähige Vorstellungen, bey der Philosophie hingegen vollständige, von uns aber nur unvollständig erkannte wirkliche Dinge sind, macht den Grund der ungleichen Evidenz der einen und der andern Erkenntnißart aus; nicht dieß, daß die einen Vorstellungen bloß auf innerm Grund beruhen, oder a priori in uns sind, die andern aber aus sinnlichen Eindrücken abstrahirt werden. Möchten unsere Vorstellungen von Körpern und Geistern immerhin, wie Plato wollte, Erinnerungen aus einem vorigen Leben seyn, oder nach Leibnitzens vorher bestimmter Harmonie, aus dem Wesen der Seele hervorgehen, ohne alle äußerliche Entwirkung; wenn wir nur das Bewußtseyn ihrer Unvollständigkeit, Undurchdringlichkeit, Undurchschaulichkeit beybehielten, würden wir den großen Abstand der aus ihnen sich ergebenden Erkenntniß und der geometrischen, in Ansehung der Evidenz doch leicht

leicht gewahr werden. Und die Geometrie hingegen verliert von ihrer Evidenz im mindesten nichts dadurch, wenn man annimmt, daß die Vorstellungen vom Raum aus sinnlichen Eindrücken entspringen (§. 9.) Sie bleibt immer eine Folge aus der Einfachkeit, und dadurch möglichen vollständigen Deutlichkeit und Bestimmthe ihrer Grundbegriffe.

So bald der Verstand mit bloßen Vorstellungen sich beschäftigen und begnügen will: so kann man auch mit solchen Vorstellungen, die selbst Herr **Kant** für empirisch erklärt, ohne Hülfe besonderer äußerer Erfahrungen, nach der Anleitung der Einbiltungskraft und des Verstandes, Zusammensetzungen vornehmen, die Uebereinstimmung und einen gewissen nothwendigen Zusammenhang haben; oder, in Kantischer Sprache es zu sagen, Vorstellungen construiren, synthetische Sätze bilden, ohne zu deren Bestätigung besondere, entsprechende äußere Erfahrungen nöthig zu haben; wie es die Mathematik mit den Vorstellungen vom Raume thut. So entstehen

die

die Dichtungen und Erfindungen der Tonkunst, Mahlerey und Poesie; denen nie eine Erfahrung in der wirklichen Welt entsprochen zu haben, oder künftig zu entsprechen braucht; die aber doch auf einigen gewißen Regeln beruhen, deren Grund in der Natur des Menschengefühls und Menschenverstandes liegt. Es muß sich wenigstens zusammen hören, sehen, denken laßen. Freylich mischen sich hier in die ganze Beurtheilung leicht noch andere Gründe ein, aus zufälligen Neigungen, Absichten, Eigenheiten des Geschmaks. Aber dieß hebt doch nicht die Folge auf, die hieraus erhellen sollte, daß die Vorstellungen in ihrem Ursprunge empirisch, und ihre Verhältnisse dennoch unabhängig von besondern äußern Erfahrungen bestimmbar seyn können.

Dieß ist es eben, was die Philosophen so manchmal getäuscht hat, daß sie glaubten die Erfahrung entbehren, und eben so gut, als in der Geometrie, apodiktische Beweise aus reinen Vernunftbegriffen, eine Methaphysik der

Seelen.

Seelenlehre und der Körperlehre, der Moral und der Staatskunst, a priori gewinnen zu können; indem sie nemlich aus Nominalerklärungen und selbstgeschaffenen Ideen schlossen, denen nur zum Unglück die wirkliche Welt nicht entsprach; wo nicht aus vorräthigen Naturbegriffen, die sich aber eben auf diejenigen Erfahrungen gründen, die man sich das Ansehen gab, aus ihnen a priori zu beweisen.

Demnach sehe ich auch nicht ein, wie unser Philosoph es für ein so großes Versehen, oder ὑϛερον πρωτερον ansehen durfte, daß man insgemein annimmt, das Object der reinen Mathematik sey bloß Quantität, mit Absonderung aller Qualitäten, und wegen dieses einfachen Inhaltes seyn ihre Vorstellungen einer völligen Deutlichkeit und ihre Beweise der höchsten Evidenz fähig; da man vielmehr hätte sagen sollen, die **Form** der mathematischen Erkenntniß, die reine Anschauung, bringe es so mit sich, daß sie nur auf Quanta gehen könne. (Kr. S. 714. vergl. Proleg. S. 34 ff.)

Ich dächte, man könnte eben so wohl sagen, weil die Mathematik sich bloß auf die Quantitäten einschränket, wovon wir ganz bestimmte und deutliche Vorstellungen haben; so ist es ihr möglich, aus reiner Anschauung, oder aus bloßen Vorstellungen alles zu beweisen. Und wie gesagt, dieß geht auch bey Qualitäten an und deren Zusammensetzung, so bald wir uns an bloßen Vorstellungen und deren innerer Möglichkeit genügen lassen wollen. So können wir uns Länder, wo Milch und Honig fließt, Elysische Felder und Grandisone nach Belieben zusammen setzen. Nur sind wir nicht sicher, diese Zusammensetzungen von Qualitäten in ihrem ganzen Gehalt so in der wirklichen Welt vorzufinden; wie wir die einfachen Vorstellungen von Linien und Figuren an den wirklichen Dingen realisirt finden.

Mir scheint auch etwas von willkürlicher Worterklärung in der Unterscheidung zu seyn, mittelst welcher Kant (Proleg. S. 27) die Grundsätze der Mathematik alle für synthe-

tisch,

tisch, die der Philosophie aber für analytisch erklärt. Um izt nur bey seinem eigenen Beyspiel zu bleiben; warum sollte der arithmetische Satz 5 + 7 = 12 synthetisch heißen können, und nicht auch der philosophische, wer gütig und weise ist, ist auch gerecht? Ist der Satz 12 = 5 + 7 nicht auch arithmetisch, und ist er nicht offenbar analytisch?

Daß nicht die Form der Erkenntniß oder die Verschiedenheit des Ursprungs der Vorstellungen den Unterschied der philosophischen und mathematischen Erkenntniß, und den Grund der ungleichen Evidenz der einen und der andern ausmache, sondern der ungleiche objective Gehalt; kann selbst aus dem erhellen, was den Hauptgegenstand dieses Kapitels ausmacht, dem Begriff vom Raum. Denn auch mit diesem hat es der Philosoph zu thun. Dieser aber will sich nicht, wie der Mathematiker, damit begnügen, ihn zu nehmen wie er ist, oder anzuschauen, was sich darin für Linien ziehen lassen, und wie sich diese gegen einander verhalten. Sondern er fragt, wo diese Vorstellung herkommt, und wovon sie abhängt, ob der Raum etwas außer der Vorstellung, ob Substanz, oder Accidenz oder Verhältniß, ob Körper oder sensorium dei u. s. w. kurz er forscht auch hier nach Real-Gründen und wirksamen Kräften; will wenigstens weiter kommen, als die bloße Vorstellung ihn nicht führet; obgleich das Positive, was die Philosophen über den Raum gesagt haben, größtentheils durch die bloße Vorstellung, wenn man sich diese nicht durch Worte verdunkelt, leicht widerlegt wird.

§. 12.

Prüfung des vierten Arguments.

Womit beweiset uns denn der Verfasser der Kritik, daß der allgemeine Begriff vom Raum nicht zusammengesetzt sey aus percipirten kleinen Räumen, daß er wesentlich einig, daß umgekehrt die Vorstellungen von Räumen auf Einschränkungen des allgemeinen Begriffes vom Raum beruhen, daß dieser also bey

allen

allen einzelnen Anschauungen zu Grunde liege? Mir leuchtet von allen diesen Sätzen keiner ein.

1) Gesetzt auch, daß bey allen erwachsenen Menschen ein solcher allgemeiner Begriff vom Raum sich vorfände, der bey allen ihren bestimmten Vorstellungen vom Raum zu Grunde läge: so ließe sich doch wohl begreifen, wie die Imagination diese große Vorstellung vom Raum aus kleinern Vorstellungen des Raums habe schaffen können. Das Vermögen Vorstellungen zusammen zu setzen kann ihr nicht abgesprochen werden; und indem sie gleichartige Vorstellungen zusammensetzt, erweitert und vergrößert sie die Bilder vorkommender Gegenstände. Nichts aber kann einfacher und einartiger seyn, als die einzelnen Wahrnehmungen des Raums, so daß also die Zusammensetzung und Erweiterung der Eindrücke hier am leichtesten von Statten geht, und sich von selbsten macht.

2) Wenn nicht bloß symbolisch der Begriff vom Raum erweckt wird, wenn man wirklich

die Anschauung davon in sich bewirkt: so, dünkt mich, gibt sich der empirische Ursprung dieser Vorstellung auch hiebey noch immer genugsam zu erkennen. Sie trägt das Kleid ihrer Kindheit noch mannigfaltig an sich. Es ist irdisch gefärbtes, aber himmlisch erleuchtetes Bild, dieß allgemeine Bild des Raums. Und beym Blindgebornen ist es wahrscheinlich mit allerley andern Gefühlsimpressionen bezeichnet. Können wir nun gleich diese heterogenen Qualitäten aus der Anschauung des Raums wegdenken, so ist dabey doch immer nicht nur die Möglichkeit des gleichartigen Ursprungs dieser Vorstellung mit andern aus sinnlichen Eindrücken entstehenden Vorstellungen begreiflich, sondern die Wirklichkeit desselben merklich. Kurz die Vorstellung, die das Wort Raum entdeckt, ist sicherlich nicht bey einem Menschen, wie beym andern beschaffen, und verräth durch die besondern Bestimmungen, unter denen sie dem einen so, dem andern anders erscheint, ihren gemeinschaftlichen Ursprung mit den andern sinnlichen Vorstellungen.

3) Lassen

3) Lassen wir es seyn, daß dem allgemeinen Begriff vom Raum, oder besser, dem Begriff vom Raum überhaupt und im Ganzen genommen, nur ein einziger Gegenstand entspreche. Darum kann er doch aus sinnlichen Eindrücken abgesondert und zusammengesetzt seyn. Der Vorstellung von unserer Erde, unserer Sonne, dem Weltall entspricht auch nur ein einziger Gegenstand. Sind es darum keine empirische Begriffe?

§. 13.

Unendlichkeit des Raums.

Was nun noch die Unendlichkeit des Raums anbelangt, die gleichfalls zum Beweise seines nicht empirischen Ursprungs dienen solle so antworte ich:

1) Daß diese Unendlichkeit kein Stück der Anschauung ist, also kein Stück unserer positiven, wirklichen Erkenntniß. Unsere wirklichen Anschauungen haben allemal Grenzen; mögen sie nun von außen her, oder in-

nerlich durch die Imagination bewirkt werden. Das Prädicat, unendlich, geben wir dem Raum nur darum, weil wir ihm keine bestimmte Grenzen anweisen können. Wo sollen diese herkommen? Wo keine Realität ist, kann keine aufhören. Wo nichts ist, wo es leer ist, da ist Raum. So urtheilen wir, daß der Raum unendlich sey. Braucht es dazu eines angebornen Begriffes?

2) Die Erweiterung unsers Begriffes vom Raum, auch dem mit Realitäten angefüllten, dem Weltraum, weit über die Grenzen unserer wirklichen Anschauung hinaus, hat auch darin Grund, daß wir so vielfältig erfahren, wie das Ende unseres Gesichtskreises nicht das Ende der Natur ist. Gewiß aber ist es, daß nach der Menge und dem Umfang dieser Erfahrungen, oder auch der Schlüsse aus den Beobachtungen, dergleichen die Schlüsse der Naturkündiger und Astronomen sind, die Vorstellung vom Raum im Ganzen, in den Köpfen verschiedener Menschen von sehr ungleicher

gleicher Ausdehnung ist. Wie man dieses aus den Reden kleiner Kinder und anderer unaufgeklärter Menschen, wenn sie große Entfernungen oder einen großen Umfang angeben wollen, gar oft gewahr wird. Die Unendlichkeit des Raums im menschlichen Verstande ist also, wie kein Stück der wirklichen Anschauung, also überall nichts ursprüngliches, sondern nur allmälig hinzugedacht.

3) Es liegt eine Zweydeutigkeit in den Ausdrücken, deren sich Kant hiebey bedient; allgemeiner Begriff vom Raum oder der Raum überhaupt. Mann kann darunter verstehen a) den Raum objectivisch, oder das fortlaufende Leere, in welchem Dinge sind oder seyn können; diesem können wir nirgends Grenzen bestimmen; es ist unendlich. b) Die bildliche Vorstellung, die das Wort Raum erweckt, wenn wir auch nicht die Absicht haben, irgend einen gewissen Raum, in concreto, zu denken. Dieß ist allemal begrenzt, und von bestimmter Größe, wie jedes Bild,

obgleich die Grenzen schwanken und ins dunkle sich verlieren können; wie das nämliche auch geschieht, wenn wir eine ungeheure Körpermasse uns vorstellen. c) Den symbolischen allgemeinen Begriff vom Raum; d. h. die bloße Ausdehnung nach allen Richtungen. Dieser symbolische allgemeine Begriff vom Raum bestimmt gar nichts in Ansehung der Grenzen; ist weder endlich noch unendlich. Und paßt daher auf den Raum, der in der Elle und in dem Fuß ist, so gut, als auf den Weltraum. So wie der symbolische Begriff, oder die Definition, vom Körper auf den Elephanten und Eichbaum so gut als auf die Milbe und das Moos paßt; aber nicht das Körperbild.

Und nun wüßte ich nicht, was in den Kantischen Gründen noch zu beantworten übrig wäre; oder warum der Begriff vom Raum uns nicht, wie andre Begriffe, aus sinnlichen Eindrücken entstanden seyn könnte?

Doch

Doch werde ich immer bereit seyn, mich eines bessern belehren zu lassen, wenn es jemand vermag.

§. 14.
Ueber die Vorstellung eines Blindgebornen vom Raum.

In der Kantischen Kritik ist, so viel ich mich erinnere, nirgends die Frage erörtert, wie wohl die Vorstellung eines Blindgebornen vom Raum sich von den Vorstellungen anderer Menschen unterscheiden möge? Und doch scheint diese Frage bey der Untersuchung über die Gründe dieser Vorstellung ganz natürlich und von Belang zu seyn.

Es ist aber aus den besten Beobachtungen über Blindgeborne bekannt, daß sie, bevor sie zu sehen anfiengen, gar nicht dieselbe Vorstellung vom Raum hatten, die uns andern jetzt bey diesem Ausdruck immer vorschwebt. Wäre diese Vorstellung vor dem wirklichen Sehen in der Seele des Blindgebornen gewesen; so ließe sich nicht begreifen, warum er, beym Anfang seines Sehens, die vorhergefühlte Kugel und den gefühlten Cubus nicht so gleich erkannte; oder warum die Gegenstände des Gesichts ihm anfangs die Augen zu berühren schienen; und warum es so lange währte, bis er Distanzen, Umfang und Lage der Körper sehen, d. h. aus dem Sehen abmerken lernte?

Denn läge das gemeine Schema vom Raum und seinen Abtheilungen in allerley Figuren, Abstände und Umrisse in der Seele vor aller Erfahrung: warum sollte alsdann nicht auch beym Blinden die Vorstellung vom Raum dasselbe enthalten, was die Vorstellung der Sehenden enthält, warum ihm die gesehene Ausdehnung so etwas befremdendes und unbegreifliches seyn?

Daß der Blindgeborne auch die Begriffe vom Raum, wie er sie nämlich mittelst des Gefühls haben kann, besitzen, und vermöge derselben Geometrie lernen und lehren könne, wissen wir wohl. Die Frage ist nur, warum er sie nicht völlig so hat wie wir; wenn doch diese Begriffe nicht empirisch seyn sollen?

Die gemeine und alte Antwort der Vertheidiger angeborner Begriffe, daß Empfindungen wohl nöthig seyn zum Aufwachen oder Klarwerden der vorher in der Seele schlummernden, oder ohne Bewußtseyn vorhanden gewesenen Vorstellungen, keinesweges aber dieselben erst erzeugten oder gründeten — möchte freylich auch hier wohl benußt werden wollen. Aber diese Antwort ist eine Zuflucht zu einer scholastischen qualitas occulta. So lange wenigstens, als noch nicht gezeigt worden ist, daß in den angeboren seyn sollenden Vorstellungen das Mindeste enthalten ist, was nicht aus den sinnlichen Eindrücken, und innern Gefühlen erklärbar ist; so lange ist es nicht erlaubt, solche vor aller Empfindung in der Seele vorhandene schlummernde Vorstellungen anzunehmen; denn es hieße etwas ohne Grund annehmen.

Einer oder der andere könnte vielleicht auf einen subtilern, idealistischen Einfall hiebey kommen;

kommen; und so antworten. Der Blinde ist nichts anders, als ein Mensch, dem etwas an seiner Vorstellungskraft verdorben, oder nicht so ist, wie bey andern Menschen; ein Mensch, in welchem die Eigenschaft des Gemüths, die wir den äußern Sinn nennen, wobey Form und Bedingung der Raum ist, nur unvollkommen sich beweiset. Kein Wunder, wenn dieser nicht dieselbe Vorstellung vom Raum hat, die in Sehenden sich äußert. Seine Vorstellungskraft ist, aus demselben innern Grund, in Ansehung der Form und der Materie eingeschränkter, wie bey andern. Und es läßt sich wenigstens eben so gut sagen, daß der Blinde nicht Gegenstände im Raum sehen könne, weil ihm die reine Anschauung des Raumes fehlt; als umgekehrt, daß diese ihm fehle, weil er auch jene nicht sehen kann.

Allein diese Antwort würde, das Idealistische bey Seite gesetzt, selbst nach den Grundsätzen unseres Philosophen nicht bestehen können. Denn das Sehen der Körper im Raum

macht

macht auch nach ihm das Empirische mit aus. Und was also mit demselben gleichen Grund und Ursprung hätte, würde auch der Idealist für empirisch erkennen müssen, wenn er noch irgend gemeinschaftliche Sache mit unserm Philosophen machen wollte.

Sodann aber gehört diese idealistische Sprache vom Raum und den Erscheinungen des äußern Sinnes zu demjenigen, wofür ich keine rechtfertigende Gründe auffinden kann.

§. 15.

Ob der Raum und die Körper etwas im Gemüthe oder in der Seele seyn? Kantische Aeußerungen hierüber.

Wenn der Raum weiter nichts ist als die Form unserer sinnlichen Anschauung, diese Anschauungen selbst aber nichts anders als abwechselnde Zustände einer Eigenschaft unsers Gemüths, des äußern Sinnes; so ist die Folge richtig, daß die von uns wahrgenommenen Dinge im Raum eigentlich nichts als Zustände oder Modificationen

dificationen unserer selbst seyn; wenn gleich etwa noch logischer, subjectiver, Grund da seyn möchte, Etwas Reelles außer diesen unsern Wahrnehmungen anzunehmen, welches aber von ihnen ganz verschieden, und uns ganz und gar unbekannt wäre.

Und dahin gehen die esoterischen Erklärungen unseres Philosophen; ob er gleich die gemeine Sprache, nach welcher die Erscheinungen im Raum, als außer uns vorhandene wirkliche Dinge angesehen werden, exoterisch duldet, und auf eine gewisse Weise rechtfertiget. Aber die eigentlichen Grundsätze seiner transcendentalen Aesthetik, oder seiner Metaphysik von der Sinnenwelt, sind immer die; daß die Vorstellung eines Körpers in der Anschauung gar nichts enthalte, was einem Gegenstande an sich selbst zukommen kann (Kritik S. 44 ff.) daß die Regentropfen, so wohl als der Raum in welchem sie fallen, nichts an sich selbst seyn, sondern bloße Modificationen unserer sinnlichen Anschauung (S. 46) also Modificationen

cationen einer Eigenschaft unseres Gemüths (S. 22); und wie er selbst die Hauptfolge kurz und deutlich zusammenfaßt, (Proleg. S. 62) alle Körper, mit sammt dem Raum, darin sie sich befinden, müssen für nichts als bloße Vorstellungen in uns gehalten werden, und existiren nirgends anders, als bloß in unsern Gedanken. Ist dieses nicht der offenbare Idealismus? So ruft er selbst dabey aus. Und erwartet doch wohl, daß wir Nein sagen, oder diesen Idealism wenigstens nicht mit dem bisher bekannten vermengen sollen; weil sein Name transcendentaler oder formeller Idealism heißt.

Noch eine andere classische Stelle findet sich S. 376; wo die Erklärung, wiefern der transcendentale Idealist die Realität der Sinnenwelt anerkennen könne, so endigt. „Die Materie ist nur eine Art Vorstellungen, welche äußerliche heißen, nicht als ob sie sich an sich selbst auf äußere Gegenstände bezögen; sondern weil sie Wahrnehmungen auf den Raum beziehen;

beziehen; in welchem alles außer einander, er selbst aber, der Raum, in uns ist. „Ferner: „Äußere Gegenstände, Körper, sind nichts anders, als eine Art meiner Vorstellungen, deren Gegenstände nur durch diese Vorstellungen etwas sind, von ihnen abgesondert aber nichts sind.„

Der ganze Abschnitt von S. 366 — 88 verdient gelesen zu werden, wenn man den Geist der Kantischen Philosophie will kennen lernen; und sich überzeugen, daß seine Kritik, so scharf sie auch einer gewissen Dogmatik zu Leibe geht, in sich selbst noch viel zu sehr dogmatisch ist. Und überspannte Dogmatik in der Metaphysik bringt immer skeptische Bestreitung der natürlichsten Denkart hervor.

§. 16.

Antiidealismus nach simpeln und festen Gründen des gemeinen Menschenverstandes. Erklärung der Ausdrücke: Wirklich außer uns vorhandne Dinge.

Der Philosoph muß in gewissen Dingen schlechterdings nicht mehr wissen und bestimmen

men wollen, als einem jeden der gemeine Menschenverstand zu erkennen gibt; sonst verirrt und verwirrt er sich, er mag es übrigens auch noch so gelehrt und scharfsinnig anfangen. Dieß ist beym Streit über den Idealism von beiden Theilen oft versehn worden.

Ich bin nie ein Anti-idealist von der gewöhnlichen Art gewesen: habe mich immer gegen die seyn sollenden Demonstrationen der Wirklichkeit der Körperwelt erklärt, und stimme daher auch, der Sache nach, in den meisten Puncten mit Herrn Kant überein, in dem, was er über Idealismus und Realismus vorträgt.

Aber ich glaube, daß er sich hier eben so, wie in der Kritik der Theologie, in seinen Ausdrücken ohne Noth zu weit von der gemeinen und natürlichen Vorstellungsart entferne; und daß daher auch die Art, wie er doch wieder auf diese einlenken und einstimmig werden will, nicht völlig genugthuend scheinen könne.

Ich möchte gern wissen, sagt er bey der gegenwärtigen Untersuchung, wie denn meine Behauptungen beschaffen seyn müßten, damit sie nicht Idealism enthielten? Ohne Zweifel müßte ich sagen: daß die Vorstellungen vom Raum nicht bloß dem Verhältnisse, was unsere Sinnlichkeit zu den Objecten hat, vollkommen gemäß sey, denn das habe ich gesagt, sondern daß sie sogar dem Objecte ähnlich sey; eine Behauptung mit der ich keinen Sinn verbinden kann, so wenig, als daß die Empfindung des Rothen mit der Eigenschaft des Zinnobers, der diese Empfindung in mir erregt, eine Aehnlichkeit habe (Proleg. S. 64).

Aber mich dünket es lasse sich diese, so wie jede andere Redensart des gemeinen Menschenverstandes, auf einen guten Sinn erklären: und es sey ganz und gar nicht nöthig, die Körper mit sammt dem Raume, für bloße Vorstellungen in uns zu halten; um alle vor der Vernunft nicht bestehende Vorstellungen von der Körperwelt abhalten zu können. Hingegen

gegen scheint mir dieß Urtheil, daß die Körper bloße Vorstellungen in uns seyn, nirgends anders als bloß in unsern Gedanken existiren (§. 15.), der Natur unsres Verstandes so entgegen zu seyn, daß Grundbegriffe und Grundsätze, die nothwendig darauf führten, eben deswegen verworfen werden müßten.

Wir wollen also zuförderst den ganzen Sinn des gemeinen anti-idealistischen Satzes, daß die Körper nicht bloße Vorstellungen in uns, sondern wirkliche Dinge außer uns seyn, völlig deutlich machen.

Hiebey ist nun so viel außer allem Zweifel, daß die Behauptung des wirklichen Daseyns der Körper außer unserer Vorstellung, den Unterschied der Empfindung und ihrer Gegenstände von den bloßen Einbildungen und Erinnerungen zum Grunde hat und bemerklich machen soll. Und dieser Unterschied ist, wie jedermann weiß, sehr reel und sehr groß, und verdient daher auch wohl einen eigenen Namen. Dinge, die so verschieden sind, wie der

Gegenstand einer wirklichen äußern Empfindung und eine bloße Vorstellung davon, mit einerley Namen benennen wollen, das Buch, was ich vor mir liegen sehe, oder in Händen habe, und dasjenige, woran ich denke, beide bloße Vorstellungen in mir, beide Ideen zu nennen, streitet gegen die Grundregeln der Sprache und des Denkens, welche verschiedene Dinge zu unterscheiden gebieten. Um so mehr, wenn es an Mitteln zur Unterscheidung im geringsten nicht fehlet; wenn völlig dazu geschickte Ausdrücke in der gemeinen Sprache vorhanden sind, wenn die Verlassung oder Verwechslung dieser Ausdrücke nur Anstoß und Verwirrung veranlaßt, und schlechterdings zu nichts gut ist.

Aber dieß will nun freylich der idealistische Metaphysiker leugnen. Er meint, daß die gemeine Sprache, wenn auch der Menschenverstand im gemeinen Leben damit fortkommen könne, in der Wissenschaft nicht zu gebrauchen sey, weil sie doch Irrthum zum Grunde habe, oder nothwendig veranlasse.

So

So lasset uns denn sehen, wo der Irrthum liege, oder nothwendig entspringe. Lasset uns die ganze anti-idealistische Formel der gemeinen Sprache und Denkart, Stück für Stück, durchgehn und aufs genaueste prüfen.

Erstlich wird darin den Gegenständen der Empfindung eine Wirklichkeit zugestanden, die den bloßen Vorstellungen abgesprochen wird. Und warum denn dieß? Weil das Wort Wirklichkeit, Daseyn, just das, oder wenigstens hauptsächlich und zuförderst das bedeutet, was bey der Empfindung der Fall ist, und bey der bloßen Vorstellung nicht ist. Oder sage einer, wer es kann, was Wirklichkeit und Daseyn sonst heißen könne und solle, als empfunden werden, oder Kraft besitzen Empfindungen zu bewirken? Erkläre und entwickle einer den Begriff von Wirklichkeit ohne Beziehung auf Empfindung. Von ihrem eignen Daseyn hat die Seele keinen andern Beweis, als dieß Gefühl. Durch den Unterschied dieses Gefühls erkennt sie sich für etwas wirkliches und von ihren Vorstellungen von andern geistigen Kräften und Zuständen verschiedenes *). Nur um der Wirklichkeit willen, die wir empfinden, können uns Gründe entstehen, das gegenwärtige oder vergangene oder künftige Daseyn, was wir nicht empfinden, anzunehmen.

Und außer uns, sagen wir, sind diese Dinge; weil — sie außer uns sind. Das heißt: weil wir so sehr klar und deutlich wahrnehmen, daß sie nicht, wie unsere bloßen Vorstellungen, in uns sind, ihre Wirklichkeit nicht als etwas uns angehendes, sondern von uns und unsern bloßen Vorstellungen so ganz verschiedenes empfinden; also Begriffe und Sprache verwirren würden, wenn wir anders sagen wollten, als daß sie außer uns sind.

Aber

*) Alles dieß hat Kant selbst bemerkt und nachdrücklich eingeschärft. Nur, daß er hier — wie bey mehrern Gelegenheiten — mit der einen Hand wieder nimmt, was er mit der andern gegeben hatte.

Aber es wird gut seyn, dieß noch weiter aufzuklären.

Kant will es geschehen lassen, daß wir von den sinnlichen Erscheinungen sagen, sie seyn außer uns; weil wir sie im Raume wahrnehmen, und dieß eben so viel sey, als äußerlich wahrnehmen. Allein diese Erklärung enthält noch nicht den ganzen Grund der gemeinen Denkart; ja sie gibt überall noch gar keinen Unterschied der wirklichen Dinge und der blossen Einbildungen an; und paßt freylich in so fern am besten in das System des Idealism. Im Raum, nemlich einem eingebildeten, einem Raum, der wirklich nur in uns ist, wie es nach Kanten der Raum überall seyn soll, nehmen wir auch die Gegenstände der Einbildungskraft wahr, bey ihren noch so idealischen Dichtungen. Aber — diese Bilder der Phantasie, mit sammt dem Raum, in welchem sie erscheinen, und sich einander herum treiben, sind keinem Menschen von natürlich gesundem Verstande eine wirkliche Welt außer ihm; sondern sie sind eine Ideenwelt in ihm. Zuförderst darum; weil sie nicht so dastehen, nicht so auch nur gesehen werden können, wie die Dinge der wirklichen Welt im Raum außer uns. Oder wenn das Sehen noch Zweifel übrig ließe, weil Täuschung dabey Statt finden kann; weil nichts zu fühlen da ist. Oder weil andere Menschen, an deren Wirklichkeit und gesundem Verstande unser gesunder Verstand nicht zweifeln kann, nichts sehen und fühlen können von den bloßen Vorstellungen in uns, und den andern bloß subjectiven Erscheinungen. Endlich etwa auch, weil unsern sonstigen, unzweifelhaften Empfindungen, und festgegründetesten Begriffen von der Natur diese unsere Vorstellungen so entgegen sind, daß wir sie sonderbaren subjectiven Gründen in uns vielmehr zuschreiben müssen, als daß wir sie für Theile der Natur außer uns halten könnten.

Dieß sind bekanntlich die, bey weitem in den meisten Fällen nicht immer alle zusammen

erforder-

erforderlichen, doch aber überhaupt die Anerkennung und Unterscheidung der wirklichen Natur außer uns begründenden und befestigenden Ueberlegungen des Menschenverstandes, bey der Vergleichung seiner bloßen Vorstellungen und wirklichen Empfindungen.

§. 17.

Wiefern die Gegenstände der äußern Empfindung von uns unabhängige Dinge.

Und auf diese beiden Prädicate der Wirklichkeit und des außer uns seyn schränkt sich der gemeine Menschenverstand in der Sprache des Lebens, bey seinem Urtheil über die Gegenstände der Empfindung, völlig ein.

Der Streit mit den Idealisten hat aber nach einen Zusatz hervorgebracht, der den stärksten Angriffen ausgesetzt ist; und bey welchem freylich Absonderung des Wahren und Falschen einige Vorsicht erfordert. Er besteht darin, daß die Dinge, die unsern Sinnen erscheinen, auch unabhängig von uns vorhanden seyn.

Wenn nun dieß so ausgelegt werden sollte, daß die Dinge und Beschaffenheiten, die ich mit meinen Sinnen wahrnehme, so wie ich sie wahrnehme, und so fern ich sie wahrnehmen, oder noch deutlicher, daß meine Wahrnehmungen (im subjectiven Sinn) unabhängig von mir verhanden seyn: so wäre es so klarer Unsinn, daß diese Auslegung nicht die geringste Vermuthung für sich hat. Denn welcher Mensch wird behaupten wollen, daß seine Wahrnehmungen etwas von ihm unabhängiges seyn?

Nicht nur dieß aber, sondern — was freylich nicht ganz gemeine, aber bey einigem Nachdenken doch leicht entstehende Erkenntniß ist — die ganze Art, wie wir die Dinge außer uns und ihre Beschaffenheiten wahrnehmen, richtet sich so offenbar nach der Beschaffenheit unserer sinnlichen Werkzeuge, unserer ganzen, die Eindrücke aufnehmenden, fortpflanzenden, und bis in ihr Innerstes manchfaltig dabey wirksamen Natur, richtet sich nicht minder nach den Beschaffenheiten der Mittelursachen, der Luft und dem Lichte, daß diese Art der Erkenntniß für die Erkenntniß dessen halten wollen, was Dinge an sich seyn, oder im Verhältniß zu jedweden andern Erkenntniß-kräften, Werkzeugen und Mittelursachen scheinen müßen, allerdings ein grober Irthum seyn würde.

Wenn man die Behauptung dieser Abhängigkeit der sinnlichen Erscheinungen, dieses Relative derselben, Idealismus nennen wollte: nun so wäre Idealismus freylich die einzige bestehende Philosophie. Aber dieß ist nicht der gewöhnliche Begriff vom Idealism; so wenig, als die Behauptung einer zum Theil schon durch die gemeinste Erfahrung widerlegten Unabhängigkeit unserer sinnlichen Wahrnehmung von subjectiven Gründen allen denen Schuld gegeben werden darf, die keine Idealisten seyn wollen.

Was für eine Unabhängigkeit von uns, den wahrnehmenden Subjecten, läßt sich denn nun aber doch den wirklichen Dingen außer uns behaupten? Es ist gewiß, daß nicht alle in gleichen Schranken sich dabey zurückhalten; wie hernach genauer angemerkt werden soll. Was sich aber behaupten lässet, und das Prädicat der **Unabhängigkeit** des Daseyns der sinnlichen Objecte von den wahrnehmenden Subjecten denkbar macht und rechtfertiget, ist folgendes:

1) Daß wir in unserer Erkenntniß von den sinnlichen Gegenständen diese in einer ungleich größern Abhängigkeit **von einander** gewahr werden, als **von uns**. Wir können uns in unzähligen Verhältnissen und Umständen befinden, ohne das Object, das wir einmal sahen, bey uns zu haben. Um es wieder zu sehen; müssen wir uns an den Ort begeben, zu den andern Dingen außer uns, zu denen es die Natur gesellt hat. Außer dem mögen wir uns noch so sehr nach diesem Objecte sehnen, uns noch so sehr bestreben, die Vorstellung davon zur Wirklichkeit zu bringen, es wird nicht gelingen.

2) Wir

2) Wir wissen, daß andere Menschen uns nicht nöthig haben, um dasselbe Ding zu sehen, zu fühlen, zu besitzen und zu genießen; eben so wenig, als wir sie dazu nöthig haben.

3) Wir müssen eingestehen, daß sich nichts an diesen Dingen der Sinnenwelt geändert hat, wenn diejenigen, die sie vorher mit uns betrachtet hatten, starben oder sonst wegkamen; und müssen dem zufolge wohl auch eingestehen, daß, wenn wir sie nicht mehr gewahr werden, sie darum nicht aufhören werden, für andere da zu seyn.

4) Auch wenn wir in der Art diese Dinge zu sehen und zu beurtheilen von andern Menschen uns unterscheiden, finden wir uns doch genöthiget, ein von dieser beiderseitigen Vorstellungsart unabhängiges äußeres Daseyn derselben einzuräumen.

5) Wir wissen, oder müssen vernünftiger Weise glauben, daß noch viele andere solche Dinge, als uns erscheinen, oder bisweilen

vorgekommen sind, andern Menschen erschienen, oder vorgekommen sind, ohne daß wir ihr Daseyn wahrnehmen können. Ich habe nie das Glück gehabt, Königsberg und seinen berühmten Philosophen zu sehen; ob ich gleich eine lebhafte und vermuthlich in vielen Stücken richtige Vorstellung von ihm habe. Viele Personen, die ihn von Angesicht kennen, lieben und verehren, habe ich gesprochen. Aber wer darf Anstand nehmen, ihm ein von den Vorstellungen derer die ihn gesehen haben, so wohl als von der meinigen, unabhängiges Daseyn zuzugestehen?

Ist dieses alles nun nicht Grundes genug, um diesen Dingen, um der Sonne und dem Monde, und den Thieren in dem Walde, in Meeren und Flüssen, die wir theils selbst gesehen, theils nicht gesehen haben, ein von uns, den erkennenden Subjecten, unabhängiges Daseyn zuzuschreiben? Ich dächte doch.

Aber führt dieser Hauptsatz des Antiidealismus nicht nothwendig auf Ungereimtheiten; wenn er weiter entwickelt wird? Wenn, nach dem Vorhergehenden, den Gegenständen sinnlicher Wahrnehmungen ein von jedem wahrnehmenden Subjecte unabhängiges Daseyn zugestanden wird; muß nicht auch eingeräumt werden, daß sie also auch ein von allen zusammen genommen unabhängig bestehendes Daseyn haben? Und ist dieß nicht offenbar falsch; wenigstens grundlos? Was wir erkennen, sollte bestehen, wenn wir alle aus dem Daseyn weggenommen wären!

Und nun? lasset uns doch sehen, ob die bejahende Antwort auf die Frage; ob noch Thiere auf der Erde vorhanden seyn könnten, wenn gar keine Menschen mehr wären, eine so schämenswerthe Ungereimtheit sey; oder die verneinende vernünftig? Oder ob sich hierauf anders antworten lasse, als auf diese andere: ob in Rom Thiere vorhanden seyn könnten, ohne einen Menschen? Die unvertilgbaren Aussprüche des gemeinen Menschenverstandes sind nie ungereimt; man muß sie nur nicht falsch erklären; nur sich selbst recht dabey verstehen. Es würden Sonnen und Monde, Flüsse und Berge, Thiere und Bäume vorhanden seyn, wenn auch keine Menschen wären; heißt keinem Menschen so viel, als menschlich wahr genommen würden sie noch werden wenn keine Menschen wären. Sondern a) *negative* so viel: was wir von allen diesen Dingen wissen, gestattet nicht, daß wir sagen, sie werden nicht seyn, wenn wir nicht mehr wären. Und b) *positive* etwa so viel als: *α*) es brauchten nur wieder andere Menschen zu entstehen; und diese Dinge würden, ohne aufs neue geschaffen zu werden, auch für diese neue Menschen da seyn; und *β*) Gott und seine Welt sind etwas mehreres und reelleres, als nur bloße Vorstellungen eines Menschen, die bey seinem Vergessen, seinem außer Acht lassen, seinen Krankheiten, seinem Tode ihr Daseyn verlieren. Ist der Idealist in diesem leztern Urtheile mit mir einig: so muß er es auch in Ansehung des Vorhergehenden werden. Schrecket der Gegensatz des leztern ihn nicht zurück: nun so sehe er zu, wie er seine Sache

mit

mit der Menschheit und mit sich selbst ausmache *)

Unterdessen können wir vor seiner Weisheit ganz ruhig seyn, die unsern gemeinen Menschenverstand zur Thorheit machen, oder höchstens aus Schonung, außer der Schule, mit seinen leeren Blendwerken fortspielen lassen will. Schade nur für die manche schöne Stunde, und die manche einer besseren Anwendung würdig gewesene Kraft, die jene Schulweisheit verdorben hat!

Oder

*) Will man hierauf antworten, daß, wenn die menschliche Vorstellungsart wegfiele, die Objecte, die dabey zu Grunde liegen, die ὄντως ὄντα allerdings übrig bleiben, nur aber doch die Erscheinungen, die von der menschlichen Vorstellungsart herrühren, wegfallen würden: so ist dieß sehr gut. Aber alsdann muß man doch auch eingestehen, daß man sich zu stark ausdruckte, wenn man sagte, daß die Körper weiter nichts seyn, als bloße Vorstellungen in uns. Und nur dieß ist es auch, was wir dem Idealisten zur Last legen, daß er das Wahre übertreibt, und sich zu stark ausdruckt.

Oder will etwa der Schüler transcendentaler Weisheit mir die Bemerkung zulächeln, daß alles was ich vorgetragen habe, wohl empirisch wahr sey; aber — nun was denn weiter? daß — unsere menschliche Erkenntniß weiter nichts sey als unsere menschliche Erkenntniß; daß die unsichtbaren Dinge nicht anzuschauen seyn, wie die sichtbaren; und daß sich nicht gut sagen lasse, was die Gegenstände unserer Erkenntniß sonst wohl noch seyn möchten, außer dem was wir davon erkennen? Fürwahr mehr wird er uns nicht hierüber sagen können. Und da hat er freylich vollkommen recht. Und damit vermeinte ich eben auch den Idealisten zurechte zu bringen, daß ich ihm bemerklich machte, daß es gar keine solidere Erkenntniß der Wirklichkeit, und keine reellere Realität geben, als gerade bey der Empfindung; wo er, wider den bessern Sprachgebrauch, nur bloße Vorstellungen anerkennen will; als ob er uns sonst woher eine bessere Erkenntniß von Realitäten und Wirklichkeiten verschaffen könnte.

Daß

Daß wir von der Körperwelt nur sinnliche Erkenntniß haben können, und weder sagen können, was die Dinge an sich sind (ein Ausdruck der scharf beleuchtet gar keinen Sinn hat) *) noch auch Leibnitzisch durch Vorstellungen anderer Art, Vorstellungen von geistigen Kräften und Eigenschaften, die der innere Sinn uns verschafft, jene sinnliche Vorstellungen aufklären und berichtigen, oder irgend vervollkommnen können; darin bin ich mit Herrn Kant aufs völligste einverstanden.

Um so mehr aber befremdet es mich, daß er das, was unsere einzige Erkenntniß von der

*) Substanzen müssen freylich etwas an sich selbst seyn. Was sie aber an sich selbst seyn zu wissen, erfodert a) entweder an ihrer Stelle seyn, mit völlig deutlichem Selbstbewußtseyn sie selbst seyn; oder b) alle ihre wirklichen und möglichen Verhältnisse verstehen. Letzteres ist die Erkenntniß der Allwissenheit. Keines von beiden unser Fall in Ansehung den Dinge außer uns. Was aber unsere Vorstellungen von Cirkeln und Triangeln an sich sind, können wir sagen; weil sie nichts sind, als unsere Vorstellungen, und wir sie ganz durchschauen können.

der Sache ist, nur so empirisch wahr seyn läßt, nur so außerhalb der Wissenschaft, und in dieser, so einstimmig mit dem Idealisten, alle Körper mit sammt dem Raume, darin sie sich befinden, für nichts, als bloße Vorstellungen erklärt. Ein Ausdruck, der dem Menschenverstand wehe thut, seine Gründe angreift, und nicht gerechtfertiget werden kann.

§. 18.

Primariae und secundariae qualitates.

Wenn der Glaube an die Wirklichkeit der Körperwelt außer uns sich im Allgemeinen aufs beste vertheidiget hat: so scheint es doch bisweilen, daß er sich in seinen einzelnen Theilen nicht so gut behaupten könne. Denn wie? Sollen wir auch Farben, Gerüche, Geschmäcke für etwas an den Dingen selbst, nicht bloß für Affectionen oder Modificationen in uns erklären? Farben für Eigenschaften der Körper; da doch ausgemacht ist, daß nur allein die verschiedene Brechung und Vertheilung der Lichtstrahlen die verschiedenen Farben erzeuge, und die Erfahrung lehrt, daß dieselbe Sache zu gleicher Zeit verschiedenen Menschen verschiedentlich gefärbet erscheinen könne?

Auch hier ist es nur nöthig sich einander recht zu verstehen; und der Streit ist bald entschieden. So viel leuchtet freylich bald ein, daß die Farbe nicht in der Rose selbst außer mir das ist, was sie in meinem Auge, und in meiner Vorstellung ist; so wenig als der Geschmack und Geruch in den Speisen eben dasselbe ist, was er auf meiner Zunge und in meiner Nase; und daß er in diesen meinen körperlichen Werkzeugen wiederum noch etwas ganz anders ist, als in meiner Seele. Dieß, dünkt mich, versteht sich unter Leuten von einigem Nachdenken von selbst.

Aber wir dürfen sagen, und müssen sagen, daß die Farben, Gerüche und Geschmäcke in den Körpern außer uns sind; in so fern als wir sagen dürfen und müssen, daß diese wirkliche Dinge außer uns (§. 16. 17.) Eigenschaften, Kräfte, Theile an sich haben, ohne welche uns die Farben, Gerüche und Geschmäcke, die wir bey ihnen empfinden, nicht zukommen würden; und vermöge deren sie allemal dieselben Empfindungen verursachen, wenn es an den übrigen Bedingungen, und Gründen, den Mittelursachen und den zur Empfindung geschickten Subjecten, nicht fehlet. Dieß ist unsere beste und wahrste Erkenntniß von der Sache, die uns Niemand wird abstreiten können, über die wir aber nicht weit hinauskommen können. Denn mit der Erklärung dieser so genannten abgeleiteten Eigenschaften aus den Grundeigenschaften der Körper, der Ausdehnung, Undurchdringlichkeit, Figur und Beweglichkeit, hat es noch nicht sonderlich gelingen wollen.

Wohl aber hat man es in dem Streit mit den Idealisten oft darin versehen, daß man nur eben diese vier Eigenschaften, als absolute, unabhängig von unserer Erkenntniß, den Körpern zukommende Realbeschaffenheiten behaupten wollte; indem man, einstimmig mit dem Idealisten,

sten, die andern alle für blossen subjectivisch begründeten Schein erklärte. Aber es ist schon von mehrern bemerkt worden, daß damit die ganze Sache verdorben wird. Es haben wohl diese vier Eigenschaften in einigen Stücken etwas voraus, weswegen man ihnen den Namen Grundeigenschaften (primariae qualitates) beylegen und lassen kann. Aber für reinobjective Realitäten lassen sie sich ausschließlich nicht erklären. Was sie voraushaben, ist

1) Daß sie nicht durch einen Sinn nur, sondern durch zween Sinne wahrgenommen werden, Gefühl und Gesicht;

2) Also dazu durch die beiden vorzüglichsten Sinne, auf welchen unsere reichhaltigsten und bewährtesten Vorstellungen beruhen;

3) Daß es die gemeinen Eigenschaften aller Körper sind, also den allgemeinen Begriff oder das Wesen des Körpers, nach unserm Begriffe, ausmachen.

4) Daß sich einigermaaßen Grund zu den übrigen Eigenschaften in jenen vieren

und deren verschiedenen Modificationen finden lässet.

Bey allen diesen Vorzügen aber, kann nicht behauptet werden,

1) Daß, was wir von der Bewegung und Beweglichkeit, der Undurchdringlichkeit, Ausdehnung und Figur erkennen, jedem erkennenden Subjecte eben so erscheinen müsse; daß nicht vielmehr uns selbst schon, bey andern Sinnen, diese Beschaffenheiten anders vorkommen müßten; da ja die Erfahrung die Veränderlichkeit auch dieser Erscheinungen, und ihre Abhängigkeit vom Standpunct, Entfernung u. s. w. schon genugsam gelehrt hat.

2) Und auf der andern Seite müssen die Gründe, womit vorher schon das Urtheil gerechtfertiget worden ist, welches den Farben, Gerüchen und Geschmäcken objective Realität zuschreibt, um so mehr für gültig erkannt werden. Denn wir können den Grund davon eben so wenig völlig für innerlich in uns, oder

subjec-

subjectivisch halten, als den Grund der Wahrnehmung jener Grundbeschaffenheiten.

§. 19.

Haupteinwurf der Idealisten: wie können wir Erkenntniß haben von dem was außer uns ist?

Aber alles, was wir bisher festegesetzt haben, kann doch vielleicht scheinen auf einmal einzustürzen bey dem Haupteinwurf der Idealisten; daß doch ja alle unsere sinnliche Wahrnehmungen unsere Wahrnehmungen oder Vorstellungen, folglich in uns seyn. Denn wie können unsere Vorstellungen außer uns seyn? Oder wie kann es erlaubt seyn, unsere Vorstellungen für etwas anders auszugeben, als für unsere Vorstellungen; wie für außer uns vorhandene und von uns unabhängige Dinge?

So schloß **Berkeley**. So schließt auch **Kant** „Wenn wir äußere Gegenstände für Dinge an sich gelten lassen: so ist schlechthin unmöglich zu begreifen, wie wir zur Erkenntniß ihrer Wirklichkeit außer uns kommen sollen, indem wir uns auf die Vorstellung stützen die in uns ist. Denn man kann doch außer sich nicht empfinden; sondern nur in sich selbst; und das ganze Selbstbewußtseyn liefert daher weiter nichts, als lediglich unsere eigenen Bestimmungen.„ (Krit. S. 378. vergl. Proleg. S. 63.)

Erklärung also fodert der Idealist, wie von Dingen außer uns Vorstellungen, Wahrnehmungen in uns seyn können? Darf er dieß? Oder kömmt es nur darauf an, ihm zu beweisen, daß wir bey unserer sinnlichen Erkenntniß Gegenstände vor uns haben, die das sind was man Dinge außer uns nennt, und nicht anders schicklich nennen kann?

Wenn unser Idealist Philosoph ist, wenn er versteht, was Erklären heißt, wozu es ist, und wie weit es sich treiben läßt: so muß er keine Erklärung, keinen weitern Grund von den letzten Gründen unserer Erkenntniß von uns begehren. Oder

Oder kann Er erklären, wie solche Vorstellungen und Gefühle, in solch einer Ordnung, so zum Verdruß seiner Seele, bey allem ihrem Widerstreben, aus ihr selbst entstehen? Meine Meinung ist nicht, dieses gemeinen Grundes, der eben so sehr, oder noch mehr, die Leibnitzische Hypothese der vorherbestimmten Harmonie trifft, statt eines Beweises, wider den Idealisten mich zu bedienen. Dagegen hätte er immer die Hypothese Berkeley's; oder des Malebranche Nous voyons tout en Dieu. Es ist nur die Frage, wer hier auf Erklärungen trotzen darf. Und von der Seite werden alle idealistischen Hypothesen, bey genauerer Untersuchung, sich wahrlich nicht empfehlen.

Wenn nun das Erklären hier überall wegfällt und wegfallen muß, (wiewohl, wenn es darauf ankommen sollte, der Influxiste am Ende immer besser zu rechte kömmt, als der Leibnitzianer und der egoistische Idealist,) wenn es nur darauf ankömmt, das Factum getreu vorzutragen; so sagen wir, daß es ein

zwey-

zweydeutiger, und wie er in des Idealisten Schluß angewendet wird, falscher Satz sey, **daß die sinnlichen Erscheinungen bloße Wahrnehmungen oder Vorstellungen in uns seyn.**

Wenn wir nicht die Natur dieser sinnlichen Erscheinungen außer Acht lassen, wenn wir nicht unserm Bewußtseyn widersprechen, wenn wir nicht die gewöhnliche Bedeutung der Worte verlassen, und ungewöhnliche, alles verwirrende Bedeutungen ihnen geben; kurz wenn wir uns nicht gegen die Natur sträuben wollen: so müssen wir bey den sinnlichen Erscheinungen uns selbst, und das was wir unsere Wahrnehmungen (perceptiones) nennen können, und die Gegenstände der Wahrnehmungen von einander unterscheiden. Diese werden zwar bisweilen unter der Wahrnehmung mit verstanden. Ueberhaupt hebt dieß aber den Unterschied zwischen dem wahrnehmen und dem Gegenstand der Wahrnehmung nicht auf.

Und da nun im Vorhergehenden Gründe genug angegeben worden sind, daß und warum die

die Gegenstände der sinnlichen Erkenntniß Wirklichkeiten außer uns heißen, und nicht bloße Vorstellungen in uns, oder lediglich unsere eigene Bestimmungen, heißen können: so muß es also bey diesen Sätzen, als der getreusten und genausten Anzeige des Factums bleiben; wir mögen nun weiter in die Gründe desselben hinein sehen oder eine Erklärung aus anderweitigen Erkenntnissen davon geben können, oder nicht. Denn Facta leugnen, weil wir sie nicht erklären können, ist der geradeste Weg zur Vernichtung aller vernünftigen Erkenntniß und aller Wissenschaft. Denn auf nicht weiter erklärbaren Factis, Erfahrungen, Empfindungen, Anschauungen, beruhen beyde.

§. 20.

Die erste Unvollkommenheit unserer sinnlichen Erkenntniß beweiset nichts für den Idealism.

Die genauere Analyse der Gründe unserer sinnlichen Erkenntniß und der daraus entstehenden

henden Begriffe gibt zwar allerdings zu erkennen, daß vieles, was in Menschen von einigermassen ausgebildetem Verstande, beym Eindrucke, den sinnliche Gegenstände auf sie machen, so fort ihre Vorstellung oder ihr Urtheil mit ausmachet, in den ersten, einfacheren Grundvorstellungen der Sinne nicht so war, und nicht so seyn konnte. Es ist außer allem Zweifel, daß erst nach vielfacher Uebung, und der Vereinigung vieler Wahrnehmungen des Auges und des Sinnes des Gefühles, Distanzen, Lagen und Richtungen und körperlicher Umfang bey unserem Sehen unterschieden und anerkannt werden.

Aber auch hieraus folgt nichts gegen die Wirklichkeit der sichtbaren Dinge außer uns. Denn wenn wir bey unserer besten und ausgebildetsten Erkenntniß etwas annehmen müssen; wie sollte darum, daß wir bey unvollkommener Erkenntniß dasselbe vorher nicht völlig wahrnahmen, es bezweifelt werden dürfen?

Es

Es ist überhaupt eine von den idealistischen oder zu dem Idealismus führenden Sonderbarheiten und Paradoxien, von der Wirklichkeit der Dinge zu sprechen, als ob dieselbe mit der Wahrnehmung erst anfinge und damit aufhörte, und sodann freylich außer dem wahrnehmenden Subjecte nichts seyn könnte.

Sind für den Blinden Farben vorhanden, fragt man, und antwortet nein; und folgert dann weiter, daß Dinge und Beschaffenheiten die kein Mensch erkennt, auch für uns alle nicht vorhanden seyn; und daß also Eigenschaften und Verhältnisse, die Menschen ursprünglich, beym Anfang ihrer sinnlichen Wahrnehmung zu bemerken nicht im Stande sind, für sie erst entstehen, wann sie, durch Zugesellung ihrer Begriffe, sich deren Erkenntniß verschafften; und kann dann von da aus auch leicht, mit Herrn Kant, auf die Schlußfolge kommen, daß der Mensch dadurch, daß sein Verstand Verbindungen und Regelmäßigkeit in seine Wahrnehmungen rnungen bringt, die Natur selbst hervorbringe, mit der er es in seiner Erkenntniß zu thun hat. Aber dieß ist sicherlich nicht die natürliche Stellung unserer Begriffe.

Man kann sagen, daß für den Blinden keine Farben vorhanden seyn. Aber man kann eben so wohl sagen, daß der Blinde für die vorhandenen Farben keinen Sinn habe. Und der Blinde selbst kann leicht dahin gebracht werden, daß er diesen Ausspruch gelten lässet. Denn obgleich unser Begriff von der Wirklichkeit überhaupt auf Empfindung sich gründet, und immer darauf bezieht: so kömmt der Mensch doch bald dahin, daß er einsieht, wie vieles vorhanden seyn könne und wirklich vorhanden seyn müsse, was er nie empfunden hat, und vielleicht nie empfinden wird.

Daraus entspringt natürlich die Folge, daß vieles in der Natur seyn könne, was kein Mensch wahrnimmt, wofür wir alle keinen Sinn haben.

Und dieß, dünkt mich, ist der gerade Gang und Blick des gesunden Menschenverstandes. Unnatürlich hingegen ist es, und nicht wissenschaftlich, aus dem Bemerken des Menschen ein Entstehen oder Schaffen der Dinge zu machen. Oder wollen wir etwa auch sagen, daß ehe Herschel es entdeckte, das sidus Georgium gar nicht vorhanden war? Daß dieser geschickte Beobachter Planeten schaffen könne?

§. 21.

Eben so wenig als gemeine Irrthümer in Ansehung sinnlicher Erscheinungen.

Und eben so wenig folgt für den Idealismus, oder die Meinung, daß der Raum mit sammt den Körpern aus bloßen Vorstellungen in uns bestehe, daraus, daß in unsern Urtheilen über dieselben Irrthümer, Jahrtausende allgemein geglaubte Irrthümer, und auch den gesundesten Menschenverstand leicht verblendende, obwohl der Vernunft erkennbare Täuschungen dabey vorkommen.

Wer wird leugnen, daß wir uns alle oft irren? Aber gibt es darum keine Wahrheit in der menschlichen Erkenntniß? Oder gibt es keine Vernunft; weil bey Verrückten ihr Gebrauch sich verliert? Es könnte von Unvernunft nicht Rede seyn, wenn es nicht Vernunft gäbe; und von Irrthum nicht, ohne Wahrheit. So überhaupt; und so auch in Absicht auf sinnliche Erkenntniß.

Die Irrthümer, die bey sinnlicher Erkenntniß entstehen, können nicht nur, sondern müssen allemal durch eine andere sinnliche Erkenntniß entdeckt und weggeschafft werden. So wird das falsche Urtheil über den halb ins Wasser gehaltenen Stab, entweder durch das andere Sehen desselben, wenn er aus dem Wasser genommen ist, oder durch das Befühlen im Wasser, oder durch vorhergegangene Erfahrung und die daraus entstandene optische Bemerkung, zurückgehalten oder widerlegt.

So ward auch der große und allgemeine Irrthum, daß die Sonne mit allen Sternen um die Erde sich bewege, endlich eingesehen, durch nichts anders, als durch sorgfältige Verbindungen der mehrern Wahrnehmungen dieser Art. Die Veränderungen in den Erscheinungen und Stellungen der Planeten, die Mond- und Sonnen-Finsternisse, zeigten sich, je länger und genauer sie beobachtet wurden, immer weniger mit jener falschen Voraussetzung übereinstimmend; die sonst so sehr nach dem Gesetze der Sparsamkeit eingerichtete Natur widersprach ihr. Auch war ja Gelegenheit genug da, zu bemerken, daß ein Körper, auf dem wir uns befinden, ein Schiff auf dem wir fortschwimmen, zu ruhen scheinen könne, indem andere wirklich ruhende Körper sich zu bewegen scheinen.

So reiniget sich die sinnliche Erkenntniß allmälig von den ihr sich zugesellenden Irrthümern; und bleibt allein Richterin über sich selbst. Wer sie eines Irrthums überführen will, muß die Gründe dazu aus ihr selbst hernehmen. Sie schlechthin für leeren Schein und Täuschung erklären wollen, weil sich Irrthümer ihr zugesellen, ist nicht nur darum ein unstatthaftes Urtheil, weil sich nicht vom Theil aufs Ganze, und noch weniger vom Zufälligen aufs Wesentliche schliessen läßt; sondern auch darum, weil sich keine Vorstellung für leeren Schein und Täuschung erklären lässet, ohne wenn sich eine stärkere, unverwerfliche Vorstellung derselben Art entgegen setzen lässet. Denn es ist unmöglich das Hören damit zu bestreiten, daß sich das Gehörte nicht sehen lässet; oder umgekehrt.

Auch das Sehen läßt sich von seinen eigenthümlichen Erkentnissen durch das Gefühl nichs nehmen; ob wir gleich diesem das Urtheil über das Sichtbare zur Prüfung unterwerfen. Und doch auch dieß warum? Weil das Irrige der Urtheile über das Sichtbare in nichts anderm besteht, als in übereilten Zusätzen aus Gefühlsimpressionen, die sonst, bey solch einem Anschein, uns entstanden waren. Also auch das Gefühl richtet nur über seine Erkenntnisse. Und so ist jede Erkenntnißart höchste Richtschnur

schnur in ihrem Gebiete. Aber ein Hauptgrund der Afterweisheit ist von jeher dieß gewesen, daß man eine Erkenntnißart auf die andere reduciren, aus der andern erklären wollte; oder wo man dieß nicht konnte, eine um der andern willen verwarf.

So will der Idealist alles auf Wahrnehmungen des innern Sinnes, Vorstellungen in uns, reduciren; der Materialist alles auf Vorstellungen des äußern Sinnes; der Platoniker alles nach Begriffen des reinen Verstandes beurtheilen; und ein anderer endlich Verstand und Vernunft bloß auf Regulirung der sinnlichen Wahrnehmungen einschränken, und des Rechtes nach der Analogie des Erfahrnen zu schließen uns berauben, weil analogische Erkenntniß keine directe Anschauung ist. So verengt sich der Philosoph seine Begriffe von Wahrheit, indem er alles unter einen Gesichtspunct fassen, oder mehr, als es die Natur gethan hat, einander unterordnen will.

§. 22.

Ob Idealismus nöthig ist, um die Vernunft vor Widersprüchen zu bewahren? Prädicate des Raums sind darum nicht Prädicate der Körper.

Aber nicht bloß Unbegreiflichkeit und zufällig beygesellte Irrthümer sollen nach dem Idealisten erweisen, daß die sinnlichen Gegenstände bloße Vorstellungen in uns seyn, nicht Wirklichkeit außer uns; sondern er geht noch weiter und behauptet, daß aus dieser angenommenen Wirklichkeit wahre Widersprüche unvermeidlich entstehen, und ein Streit der Vernunft mit sich selbst. Und hier glaubt unser Philosoph eben auch den größten Vortheil von seinem Lehr-Begriffe zu haben; und diesen Streit der Vernunft mit sich selbst, oder diese **Antinomie**, wie er es nennt, aus dem Grunde zu heben, indem er den **materiellen** Idealism mit dem **formellen** angreift.

Aber ich hoffe beweisen zu können, daß wir das Eigenthümliche der Kantischen Lehre

vom

vom Raum hiezu nicht nöthig haben; und daß wir dem Idealisten noch eine Prämisse mehr abgewinnen können, die ihm Kant eingeräumt, ja selbst zu beweisen gesucht hat.

Es ist nemlich bekannt, daß die Idealisten ihre Einwürfe gegen die Realität und logische Rechtsbeständigkeit unserer Vorstellungen von der Körperwelt insbesondere auch davon hernehmen, daß sie Prädicate, die sich mit der leeren keinem Zusatze widerstehenden Idee vom Raum zusammen denken lassen, auf die reelle Ausdehnung oder die Dinge im Raum anwenden. So nehmen sie unendlich viele Theile in jedem Körper an, weil sich in den leeren Raum so viele Theile hineindenken oder darin voraussetzen lassen, als man will; und folgern hernach aus dieser Unendlichkeit der Theile eines jeden Körpers, wenn es ihnen beliebt, allerley wahre oder scheinbare Absurda; z. B. daß der Theil so viel enthalte als das Ganze; oder behaupten, daß es keine Bewegung geben könne, weil jede auch noch so kleine Entfernung eine unendliche Menge kleiner Räumchen enthalte; durch welche zusammen ein Körper in einer gegebenen Zeit doch unmöglich durchkommen könne.

Diese Grillen verachtet ohne Zweifel der Königsbergische Philosoph. Aber für den Grundsatz, daß was vom Raum gilt, auch von den Dingen im Raum gelten müsse, erklärt er sich aufs nachdrücklichste (Proleg. S. 59.). Und womit beweiset er ihn? Ueberhaupt damit, daß die Eigenschaften desjenigen, was die Form und nothwendige Bedingung unserer sinnlichen Gewahrnehmungen ausmacht, nothwendig auch von diesen gelten müsse; und also von den Körpern in unserer Erkenntniß gelten müsse, weil wir keine andere, als diese empirische, sinnliche Erkenntniß von ihnen haben. Alle Sätze der Geometrie, die vom Raum gelten, müssen daher auch von den Dingen im Raum gelten; heißt es Proleg. S. 60; ja diese können niemals etwas

was anders enthalten, als was die Geometrie ihnen vorschreibt.

Hiebey ist also zweyerley zu überlegen.

1) Ob und in wie fern alle unsere sinnliche Erkenntniß der Körper von der Erkenntniß des Raumes, als der reinen Form und Bedingung derselben, abhänge.

2) Und ob, so fern die letzte Bedingung der ersten ist, die Eigenschaften eines Gegenstandes auch Eigenschaften des andern seyn müssen.

Ich habe oben (§. 3.) zwar erklärt, daß ich gegen den Kantischen Grundsatz vom Raum, daß derselbe die allgemeine Form und Bedingung der sinnlichen Erkenntniß sey, nichts einzuwenden fände, wenn derselbe für sich allein da wäre; und habe das Wahre, was ich in ihm finde, bestimmter angegeben. Unterdessen habe ich doch den simpelern und unvorgreiflichern Ausdruck, daß der Raum ein Stück der sinnlichen Erkenntniß sey, als Grundlage zur weitern Untersuchung vorgezogen.

Und bey unserm gegenwärtigen Standpunkte findet sich allerdings einiges zur Einschränkung jenes Grundsatzes anzumerken. Nemlich die Idee vom Raume ist zwar ein unentbehrliches Substratum beym Bilde vom ganzen Körper, nicht nur in der eigentlichen Anschauung, sondern auch bey der Umfühlung. Aber sie ist nicht nothwendiges Ingredienz oder Form jedweder sinnlichen Wahrnehmung von der körperlichen Natur und ihren Eigenschaften. Nicht Ingredienz noch Form beym Gefühl der Undurchdringlichkeit und des Stoßes, beym Gefühl des Widerstandes gegen die andringende Bewegungskraft; so wenig als vom Geschmack; in dem, was das Ursprüngliche und Eigenthümliche dieser sinnlichen Wahrnehmungen ausmachet. Alle diese Gefühle könnte, nur nicht so deutlich und bestimmt wie wir, ein Mensch haben, der stockblind und in einem Raum eingeschlossen wäre,

wäre, in dem er sich nicht bewegen könnte, aber doch sich zu bewegen innerlich angetrieben wäre, und der also die Idee vom Raume selbst nicht hätte. Nicht so deutlich und bestimmt wie wir, sagte ich; sondern nur nach dem Eigenthümlichen und Ursprünglichen derselben. Denn einmal klären sich alle gegenseitige Gefühle einander auf; also auch das von freyer Bewegung und das vom Widerstand. Hernach gesellen sich, vermöge der Associationsgesetze, jene Arten sinnlicher Wahrnehmungen und die übrigen des Gefühls und des Gesichts bald zusammen. Und da nur die letztern beiden uns die Vorstellung von ganzen Dingen, und überhaupt die bestimmtesten und deutlichsten Vorstellungen liefern: so werden jene andern sinnlichen Wahrnehmungen um so mehr an diese angeschlossen, und wie auf einen festen Grund und Boden eingetragen.

Unterdessen sind und bleiben jene in ihrem Eigenthümlichen und Wesentlichen von der Idee des Raumes unabhängige sinnliche Gefühle,

von

von Undurchdringlichkeit und Wiederstand, gerade diejenigen, aus denen der Begriff vom Reellen im Raum, oder von der körperlichen Natur erwächst. Sie sind dasjenige, wodurch der Raum ausgefüllt, und der Körper vom leeren Raum unterschieden wird.

Und mit welchem Rechte sollte denn nun also von den Beschaffenheiten des Raumes auf die Beschaffenheiten des Körpers geschlossen werden können; da das Wesentlichste und Unterscheidenste des letztern auf Wahrnehmungen beruht, die der Idee des Raumes entbehren können; in dieselbe vielmehr hineingetragen werden, als aus ihr entstehen? Der Raum muß freylich Beschaffenheiten haben, die sich mit den Beschaffenheiten der Körper vertragen. Aber da die letztern, auch in unserer Erkenntniß, nicht so schlechterdings von den ersten abhängen: so können sie mehr und weniger, und manches davon verschiedene enthalten. Und Vorstellungen die auch noch so sehr von einander abhängen, coordinirt oder subordinirt

sind,

sind, müssen darum nicht in allen Stücken einerley Prädicate haben *)

Die Körper müssen Ausdehnung haben, wenn und in so fern sie in der Form des Raumes sollen wahrgenommen werden. Aber daraus folgt eben so wenig — was den Cartesius zu seinen Fehlschlüssen verleitete — daß die Ausdehnung des Raumes in allem dieselbe sey, wie die Ausdehnung des Körpers; als daß alle andere, auch nur alle irgend sinnlich wahrgenommene, Eigenschaften der Körper sich auf den Begriff von Ausdehnung müssen bringen lassen.

Wie **Kant** die Wahrnehmungen von den Eigenschaften der Körper von der Idee des Raumes

*) Es scheint mir beym gegenwärtigen Schluß von der Form auf die Materie derselbe Fehler begangen zu seyn, der oft begangen worden ist, beym Schluß vom *genus* auf die *Species*, nach dem bekannten *Quidquid valet de g.* Diese Schlußregel, die nur von positiven Prädicaten gilt, hat man fälschlich auch auf negative angewendet. So auch hier: Im Raum sind nirgends letzte Theile; also auch nicht im Reellen.

Raumes im Ganzen allzuabhängig macht: so macht er auch auf der andere Seite, in einigen Stellen seiner Kritik, die Vorstellung des Raumes allzuabhängig von den übrigen sinnlichen Wahrnehmungen. Der Raum, sagt er, ist bloß die Form der äußern Anschauung, aber kein wirklicher Gegenstand, der äußerlich angeschaut werden kann. — Die empirische Anschauung ist also nicht zusammengesetzt, aus Erscheinungen und dem Raum; eines ist nicht des andern Correlatum, Synthesis, sondern nur in einer und derselben empirischen Anschauung verbunden, als Materie und Form derselben (Krit. S. 429. 156)

Dieses dünkt mich nun nicht nur der natürlichen Vorstellung von der Sache entgegen zu seyn; sondern auch mit andern Aussprüchen der Kantischen Philosophie nicht gar wohl zusammen zu stimmen. Nach der natürlichen, unverkünstelten Vorstellung scheint mir allerdings gesagt werden zu können, daß die sinnliche Erkenntniß, oder empirische Anschauung

zusammen-

zusammengesetzt sey, aus dem Raum und den Erscheinungen im Raum, und daß der Raum, oder die leere Ausdehnung, an sich ein Gegenstand unserer Vorstellungskraft sey. Eine Bewegung, bey der ich nicht den mindesten Wiederstand fühle, gibt mir die reine Idee von Raum. Und wie sollen die von Kant hier geäußerten gegenseitigen Behauptungen auch recht bestehen können mit den ersten Grundsätzen desselben? (Krit. S. 23 ff.) Wenn der Raum kein empirischer Begriff ist; wenn man sich gar wohl denken kann, daß keine Gegenstände im Raume angetroffen werden, aber nie eine Vorstellung davon machen, daß kein Raum sey; wenn die Gewißheit der Mathematik darauf beruht, daß der Raum eine reine Anschauung *a priori* ist, und als eine unendliche Größe gegeben, eine Objectivität *a priori* hat; wenn sogar alle Bestimmungen des Raumes, alle Formen und Figuren a priori können und müssen vorgestellt werden können, wie soll denn nun doch der Raum kein besonderer Gegenstand der Anschauung seyn, sondern nur in einer und derselben empirischen Anschauung mit den Erscheinungen der Körper verbunden?

Es ist allemal eine Beschuldigung, die unbescheiden scheinen kann, wenn man einen Schriftsteller, zumal einen so scharfsinnigen Philosophen, als Kant ist, bezeiht mit sich selbst im Widerspruch zu seyn. Ich erlaube mir daher diese Beschuldigung auch hier nicht; aber deß bin ich gewiß, daß es mehrern im Denken und Auslegen nicht ungeübten Lesern der Kritik schwer werden wird, hier und bey einigen andern Gelegenheiten alles einstimmig mit einander zu finden.

§. 23.

Von der Theilbarkeit des Raumes und der Materie ins Unendliche. Prüfung einer Kantischen Antinomie.

Nach dieser allgemeinen Erörterung des Zusammenhangs der Vorstellung vom Raum und der übrigen sinnlichen Vorstellungen, wird es nicht mehr schwer seyn, die einzelnen

auf

auf dieß Verhältniß gegründeten Folgerungen zu beurtheilen. Denn so viel ist nun schon ausgemacht, daß der allgemeine Grund derselben, der Schluß vom Raum auf die Körper im Raum, nicht gültig ist. Es müssen also besondere Gründe für die besondern Folgerungen dieser Art angegeben werden, wenn sie bewiesen scheinen sollen.

Unter diesen Folgerungen ist die berühmteste, daß jeder Körper ins Unendliche theilbar seyn müsse, und also nicht aus letzten Theilen bestehen könne; weil der Raum ins Unendliche theilbar ist.

Für diese Folgerung bringt Kant in dem Abschnitt von den Antinomien insbesondere den Grund bey, daß, da alles Körperliche im Raum sich befinden muß, auch die kleinsten Theile des Körpers, wenn es solche gäbe, im Raum seyn, oder einen Raum einnehmen müßten. Da aber der Raum nicht aus letzten, einfachen Theilen bestehe, sondern aus Räumen, und nur das Zusammengesetzte einen Raum einnehmen oder ausfüllen könne: so müßte das Einfache zusammengesetzt seyn; welches sich widerspricht.

Auf drey Grundsätzen beruht also dieses dialektische Argument; 1) darauf, daß auch die kleinsten Theile der Körper im Raum seyn müssen; daß 2) der Raum keine kleinsten, einfachen Theile enthalte; und daß 3) das Einfache nicht ausgedehnt seyn, und also auch keinen Raum, der immer etwas ausgedehntes und zusammengesetztes ist, wenn es in ihm keine letzten Theile gibt, einnehmen könne.

Den ersten Grundsatz hält Kant eigentlich selbst nicht für richtig, sondern bringt ihn nur aus der Philosophie des groben Realismus bey, den er damit zu Grunde richten und seinen Idealismus dagegen begründen will. Den zweyten hält er für ausgemacht. Ueber den dritten, den mehrere bekannte Schulen der Philosophen leugnen, hat er sich nicht weiter erklärt. Alle drey verdienen beleuchtet zu werden, um die Grenzen unserer Erkenntniß von der Körperwelt, und das Gefährliche des Dogmatismus in der Annäherung zu denselben bemerklich zu machen.

Ich fange mit dem letzteren an.

1) Es kann uns auf der einen Seite freylich sehr natürlich vorkommen, die absolut kleinsten Theile, oder metaphysischen Elemente der Materie, mit Leibnitzen für unausgedehnt zu halten. Denn nicht nur können wir in der Vorstellung des Ausgedehnten, in einem Bilde, das Mehrere was neben einander liegt, in Gedanken von einander trennen; sondern die Erfahrung, die wir haben von der wirklichen Theilbarkeit alles Ausgedehnten, was unsern Sinnen vorkömmt, muß uns auch für diese Meinung noch mehr geneigt machen. Und ausgemacht ist so viel, daß die Natur bey ihren wirklichen Theilungen, z. B. den Geruch verursachenden Auflösungen und Ausdünstungen, unbestimmlich weiter ins Kleine hineingehe, als wir ihr mit unsern sinnlichen

Vorstellungen folgen können. Dennoch zweifl ich, daß ein Widerspruch erweislich sey in dem Satz, daß es einfache Substanzen geben könne, die einen Raum einnehmen. Einen Raum einnehmen heißt so viel als eine Ausdehnung unzugänglich für andere Substanzen, undurchdringlich machen. Sind wir nun wohl im Stande zu beweisen, daß eine einfache Substanz, die schlechterdings nicht auflösbar wäre, in mehrere einer eigenen Subsistenz fähige Subjecte, nicht eine Kraft besitzen könne, einen Raum so zu erfüllen, ihn unzugänglich und undurchdringlich zu machen? Haben wir hiezu Einsicht genug in das Grundwesen der Substanzen und Kräfte? Gewiß nicht.

2) Eben so wenig hat man, so viel ich einsehe, einen gegründeten Widerspruch zu fürchten, wenn man mit Leibnitzen annehmen will, daß die metaphysischen Elemente der Materie nicht ausgedehnt sind, und also keinen Raum einnehmen. Alle von der Crusischen und andern Antileibnitzischen Schulen dagegen gewöhnlich

wöhnlich vorgetragenen Argumente sind leicht zu widerlegen. Ich halte mich aber hier nicht damit auf, weil wir es hier eigentlich nur mit Kantischer Philosophie zu thun haben. Und da kömmt es nur darauf an, ob wir zugeben müssen, daß diese einfachen Theile der Körper einen Raum einnehmen würden, und ob wir dieß zugeben können? Und mich dünkt, wir können und müssen es vielmehr leugnen, als zugeben; wenn alle Worte ihre gewöhnliche Bedeutung behalten sollen. Denn wo wir uns kein Bild mehr machen können und dürfen von einem Subjecte; da können und dürfen wir es auch nicht mehr mit der Idee vom Raum, die ihrer Natur nach bildlich ist, vereinigen. So dürfen wir uns auch nicht einlassen auf die bildliche Vorstellung vom Raum bey der Seele und der Gottheit. Aber hier ist es nun eben, wo sich Kant uns entgegen stellt. So, sagt er, dürft ihr nicht antworten, die ihr den Raum und die Materie für etwas außer unserer Vorstellung haltet. Um auf diese Weise den Verwirrungen auszuweichen, die der Begriff vom Raum anrichten kann, muß man festsetzen, daß er eine bloße Form unserer sinnlichen Erkenntniß, und nichts außer der Vorstellung sey.

Mich dünkt aber, es lasse sich allerdings so antworten, wenn gleich angenommen wird, daß der Raum und die Körper Etwas außer uns sind. Denn dabey bleibt es doch immer unleugbar, daß keine Vorstellungsart über ihre Grenzen ausgedehnt werden müsse. Wo keine bildliche Vorstellung mehr hin paßt, da gehört auch das Bild vom Raum nicht mehr hin; ob gleich noch Grund für eine andere Art von Erkenntniß da seyn kann, nemlich für intellectuale Erkenntniß, deren Objecte intelligible Dinge, νουμενα, aber nicht sinnlich vorstellbar sind. So die innersten Principien und Kräfte unserer eigenen empfindenden und denkenden Natur. Und so auch die von unserer bildlichen Vorstellungsart nicht erreichbaren Elemente der Materie, die wir darum doch nicht in

Vor-

Vorstellungskräfte zu verwandeln nöthig haben *).

Aber diese unausgedehnten Einheiten müssen doch irgendwo seyn, und dieß *Vbi* muß ein Theil des Raums seyn, den der aus ihnen zusammengesetzte Körper einnimmt; und dieser Theil müßte entweder zusammengesetzt oder einfach seyn. Er kann aber das erstere nicht seyn; weil das Einfache keinen zusammengesetzten Raum ausfüllt; und auch das letztere nicht, weil es im Raum keine einfachen Theile gibt.

Auf das eine Glied dieses Dilemma haben wir vorher schon Rücksicht genommen; es

*) Es ist eine eigene — ich will nicht sagen Sophisterey — doch Täuschung; wenn man bey der Prüfung philosophischer Meinungen, immer nur die extremsten, übertrieben dogmatischen, einander entgegensetzt. Der kaltblütige Forscher, dem weder das Systembauen noch Systemstürmen Zweck ist, weiß sich dafür zu hüten. Aber allzulebhafte Köpfe täuschen sich und andere häufig damit. Unterdessen ist Vorsicht gegen diesen Fehler Hauptregel der Billigkeit und Gründlichkeit.

es ist nicht bewiesen. Auf das andere wollen wir gleich kommen. Fürs erste aber glaube ich, daß, ohne in den Kantischen Idealism überzugehen, mit ihm geantwortet werden könne, daß wo keine bildliche Vorstellung mehr Statt findet, die Begriffe nicht nach sinnlicher Vorstellungsart bestimmt, folglich weder Ausdehnung noch Punct das Vbi des bloß intelligiblen Subjectes genannt werden dürfe.

3) Gesetzt aber, daß wir die letzten Theile der Materie für unausgedehnt halten, und in einem unausgedehnten Theile des Raums ihr Wo annehmen wollten: würde dieß einen Widerspruch machen mit der bewiesenen Theilbarkeit des Raumes ins Unendliche? Es kömmt darauf an wie diese bewiesen wird. Nicht anschaulich; das versteht sich. Auch nicht aus der unendlichen Theilbarkeit der wirklich vorhandenen Materie. Denn diese soll vielmehr aus jener folgen. Und unsere Erfahrung von der Materie lehrt uns nur, daß ihre Theile sehr viel weiter ins Kleine gehen, als wir

nicht

nicht sinnlich uns vorstellen, auch wohl nicht mit Zahlen bestimmt ausdrücken können; keinesweges aber daß sie nicht aus einfachen, nicht ferner theilbaren Substanzen bestehe. Womit denn also? Mit Verstandesbegriffen, die aus der Erfahrung abstrahirt und völlig darauf gegründet sind? Nein; dieß ergiebt das Vorhergehende. Also mit falschen chimärischen Vorstellungen? Auch nicht; wenn falsch, chimärisch heißt, was in sich selbst widersprechend, für den Verstand ganz und gar nicht brauchbar, noch auf die Natur irgend anwendbar ist. Sondern aus Nominaldefinitionen; oder, wenn man lieber will, aus reinen Verstandsbegriffen, die freylich einigermaßen Anschauung zum Grunde haben, und auf Erfahrungsgegenstände anwendbare Folgen geben, aber doch immer selbst gemachte verfeinerte, erhöhte Begriffe sind. Nichts anders als solche Begriffe sind die reinen Begriffe der Geometrie von ihren Linien und Puncten und Winkeln u. s. w. Und solche erhöhte, verfeinerte, selbst gemachte Begriffe und Schlüsse aus Nominalerklärungen gelten in der Anwendung auf die wirkliche Natur oder unsere Erfahrung, so lange als es gut thut; so lange als sich kein Widerspruch zeigt in dem, was wirklich ist, und nothwendig daraus folgt. Nie aber können sie das Wirkliche zweifelhaft machen. Denn dieß hieße mehr in die Conclusion bringen, als in den Prämissen war; hieße von einer Gattung der Dinge oder Begriffe in eine andere überschreiten. Welches nie für eine gültige Schlußart angesehen worden ist, noch werden kann.

Der Raum, das leere, widerspricht diesen Folgerungen aus Nominalerklärungen nicht. Was sollte er entgegensetzen? Aber der Raum kann nicht die Stelle des Körpers vertreten.

4) Wie die unbegränzte Theilbarkeit des Raumes grenzenlose Theilbarkeit der Materie nicht beweiset: so müssen wir hingegen in der Materie, im Reellen, oder, wie es Kant auch nennt, Dynamischen letzte Theile annehmen; wenn wir nicht in offenbaren Widerspruch

spruch verfallen wollen. Denn da die Eigenschaften des Zusammengesetzten, die Kräfte des Körpers, ihren Grund haben in den Eigenschaften und Kräften der Theile desselben: so würde es außerdem beym Grund nichts Letztes geben, welches ein im zweyten Hauptstück dieser Untersuchungen näher zu beleuchtender Widerspruch ist. Oder, wie es Kant selbst hier vorträgt, da Zusammensetzung nur ein Verhältniß ist.; so würde es beym Verhältniß nichts absolutes geben, wenn es beym Zusammengesetzten keine letzten Theile gäbe.

Aus allem diesen ist mir also sehr wohl begreiflich, warum die Leibnitze, Wolfe, Kästner, und andere der größten Mathematiker, die aber nicht bloße Mathematiker, sondern auch Philosophen waren, ihre Lehren vom Raum und dessen Theilbarkeit auf die Körper und deren Theilbarkeit nicht anwendeten., und nicht angewendet wissen wollten. Nicht so begreiflich ist mir es hingegen, wie Kant, der auch Philosoph und Mathematiker ist, dieß für etwas so besonders ansehen konnte, was

immer

immer ein bemerkungswürdiges Phänomen in der Geschichte der Philosophie bleiben müsse. (Proleg. S. 61)

Kant hat noch eine andere Schlußfolge vom Raum auf das Reelle im Raum; die, wenn sie selbst Grund hätte, zu einer scheinbaren Unterstützung der vorhergehenden gebraucht werden könnte; und von ihm selbst auch so gebraucht wird (Krit. S. 527.) Weil Raum und Zeit *quanta continua*, fließende Größen sind, schließt er, so müssen auch die in der Zeit aufeinander folgenden Veränderungen, und die Theile der reellen Ausdehnung, die den Raum erfüllt, in einem ununterbrochenen Zusammenhang, oder in einer vollkommenen Continuität untereinander stehen. Und letztere zwar eben darum schon; weil wir sie nur nach einander wahrnehmen, als sinnliche Gegenstände aber sie überall nicht außer unserer Vorstellung sondern nur in derselben existiren.

Allein kann dieses Argument wohl Eindruck machen, wenn man erwägt, was alles dabey vorausgesetzt und nicht bewiesen ist?

5) Es

a) Es wird vorausgesetzt, daß wir nicht mehrere neben einander liegende Theile des Reellen im Raum zugleich percipiren können. Ist dieß bewiesen; oder ist es nicht vielmehr gegen die Erfahrung?

b) Es wird vorausgesetzt, daß unsere sinnlichen Wahrnehmungen nur subjective Modificationen unserer selbst seyn, und nicht aus objectiven Gründen außer uns entstehen. Denn so bald dieß letztere angenommen wird: so ist gar kein Grund mehr vorhanden, weswegen sie untereinander in einem ununterbrochenen Zusammenhange oder einer vollkommenen Continuität stehen müssen. Nach der natürlichen Vorstellungsart des Influxismus ist es ausgemacht und begreiflich, daß Vorstellungen in uns auf einander folgen, die unter sich keinen Zusammenhang hatten, und nicht nach dem Gesetze der Stetigkeit aus einander folgten.

c) Endlich wird hier wieder die unendliche Theilbarkeit des Raumes vorausgesetzt, in

einem

einem Sinn, wie sie nicht bewiesen ist. Denn wenn nicht diese unendliche Theilbarkeit des Raumes dazwischen gebracht und auf das Dynamische angewendet wird: so heißt die Continuität der reellen Natur im Raum und ihrer Veränderungen in der Zeit weiter nichts, als α) daß alle Kräfte der Natur im Verhältniß der Caussalität oder einer wirksamen Gemeinschaft mit einander stehen; β) Eben so die Veränderungen in einander gegründet sind, und aus einander erfolgen; und γ) daß so wohl die Theile des Dynamischen als der Veränderungen unbestimmlich weiter gehen, als unsere Wahrnehmung und Unterscheidung. Welches alles zugegeben werden kann; ohne daß gegen letzte Theile der körperlichen Natur etwas daraus folgt. Und wenn wir diesen letzten Theilen der Materie ein untheilbares Wo im Raum geben wollten: so hinderten diese letzten Theile im Raum des Reellen, oder dem reellen Raum, wiederum nicht, im Idealraum mit unsern Nominalerklärungen Theile zu häufen, oder fortlaufen zu lassen, so lange es uns beliebt.

Denn

Denn das Reelle und das Ideale sind zweyerley Gattungen von Begriffen, die, jede ihren eigenen Weg, ungehindert neben einander behaupten können. Die beiden Sätze: Im Raum an sich oder im Leeren ist nirgends Grenze, ist nichts das letzte, und beym Reellen im Raum ist irgendwo Grenze, ist etwas das letzte, stehen nicht im mindesten Widerspruch gegen einander.

§. 24.

Eine zweyte Kantische Antinomie aus der Lehre vom Raum.

Und so wäre denn eine von den Antinomien, zu deren Wegräumung unserm Philosophen sein transcendentaler Idealism nöthig schien, ohne diese Hülfe weggeschafft. Wir wollen nun eine zweyte in Erwägung nehmen; obgleich die Sätze, durch die der Verfasser den Knoten knüpft, nicht so sehr mit dem Eigenthümlichen seiner Lehre vom Raum zusammenhängen.

Er

Er läßt nemlich die Vernunft einmal beweisen, daß die Welt ins Unendliche ausgedehnt seyn müsse. Und denn aber auch, daß sie Grenzen haben müsse.

Ob ich nun gleich mit Kanten hiebey wiederum darin einig bin, daß es ein in seinen Gründen fehlerhaftes Unternehmen ist, was nicht gut ablaufen kann, wenn wir in unsere, ihrer Natur nach begrenzten, sinnlichen Vorstellungen das All der Dinge und Begebenheiten hineinzwingen, oder ihnen zum Gegenstand machen wollen; und einig mit ihm darinne bin, daß die Vorstellung vom Raum nur für die sinnliche Vorstellungsart ist; (Krit. S. 522) so dünkt mich doch, daß die Sätze des Beweises und Gegenbeweises nicht gegen alle Einwürfe genugsam gesichert sind.

Denn beym Beweis für die Thesis, daß die Welt der Ausdehnung nach endlich sey, würde der Gegner

1) Antwor-

1) Antworten können, daß daraus die Endlichkeit der Welt nicht folge, daß die Unendlichkeit derselben nicht als von uns, anschaulich, oder durch eine fortgehende Aufzählung oder Synthesis der Theile, erkannt angesehen werden könne. Und doch schließt der Beweis führende Theil so: Es kann nicht behauptet werden, daß die Welt von uns als unendlich erkannt, oder nur uns als unendlich erkennbar — auf die angezeigte Weise — sey. Also ist sie endlich. Daraus folgte nur erst: Non liquet.

2) Diejenigen, welche die Unendlichkeit der Welt behaupten, gebrauchen, ich will nicht sagen zureichende, aber doch solche Gründe, die, wenn sie sonst gut wären, beweisen würden, daß sich unser Verstand zur Anerkennung dieser Unendlichkeit auf eine andere Weise bestimmen könne, als durch die successive Synthesis oder Anschauung. Nemlich durch die Idee der unbegrenzten Güte und Allmacht Gottes; denen zu folge also auch das Gute in der Welt keines Zusatzes fähig seyn müsse.

Was aber den Beweis der Unendlichkeit anbelangt, den Kant vorträgt, so dünkt mich, die Antwort darauf liege offenbar in dem, was er selbst sagt: so sehr er sich auch widersetzt.

1) Alles nach sinnlichen Vorstellungen zu nehmen — wie freylich die Idee vom Raum erfordert: so ist dem Absurdo, auf welches sich der Beweis gründet, noch wohl auszuweichen. Denn es soll darauf beruhen, daß die begrenzte Welt in einem Verhältniß zum leeren Raum außer ihr seyn würde; dieser aber kein wirklicher Gegenstand; also die Welt in einem Verhältniß zu keinem Gegenstand; also ein Verhältniß ohne Correlatum. So bald man sagt, oder annimmt, daß die Welt ein Verhältniß zum Raum außer ihr habe: so wird dieser leere Raum nach dem Bilde der reinen Anschauung gesetzt, nach welcher er als ins Unendliche fortlaufend angesehen wird (§. 1.). Dieß hindert aber nicht den besetzten Raum als begrenzt anzusehen; das heißt

einen

einen Weltkörper als den letzten oder äußersten anzusehen. Denn dieß Bild der leeren Ausdehnung, oder reinen Anschauung können wir eben so gut außer dem ex hypothesi absolut letzten Weltkörper fortlaufen lassen; als wir es in Ansehung des in unserm wirklichen Gesichtskreis letzten Reellen thun können.

Wenn hingegen nach dem Verstandes-Begriff der leere Raum für nichts erklärt wird: so fällt eo ipso das Suppositum weg, daß die Welt in einem Verhältnisse zu ihm sich befinde. Das Aeußerste der Welt hieße so in Beziehung auf das, was in der Welt ist; außer ihr wäre nichts. Also der Beweis nimmt zugleich zwey Sätze an, und hat beide zusammen zur Schlußfolge nöthig, wovon doch einer den andern aufhebt: und fällt also so fort in sich selbst zusammen.

§. 25.

Ob der Kantische Idealism besser denn ein anderer?

Kant ist also Idealist; und gesteht dieß selbst ein. Er hält seinen Idealism für nöthig, um die Vernunft bey den Vorstellungen von Raum und den sinnlichen Erscheinungen vor Ungereimtheiten und Widersprüchen zu bewahren. Nur will er seinen transcendentalen oder formellen Idealism von den andern bisher bekannt gewordenen Arten von Idealism unterschieden wissen.

Daß dieser formelle Idealism nicht nöthig ist, zur Vermeidung jener Ungereimtheiten und Widersprüche, hoffe ich bisher gezeigt zu haben. Also wollen wir noch sehen, worin dieser Kantische Idealism sich unterscheide, und ob er besser sey, als ein anderer.

1) Der Idealism ist überhaupt gar keine moralisch schädliche Meinung. Keine Meinung die Mord und Todschlag hervorbringt; oder

oder irgend einen Einfluß auf die Bevölkerung, auf Tugend und Glückseligkeit befürchten lässet, wie etwa der Atheismus. Er ist an sich eine in so weit unschuldige nur freylich ein wenig excentrische Hypothese; auf die speculative Köpfe doch leicht verfallen, wenn sie mehr wissen wollen, als sich wissen läßt. Das Schlimmste, was vom Idealism überhaupt gesagt werden kann, das größte Uebel, was er stiften könnte, wenn der Menschenverstand sich ihm nicht zu stark widersetzte, wäre dieß, daß er die Sprache verwirrte — Nun dieß thäte, wenn er Eingang fände, Kants Idealism für wahr so gut, als irgend ein anderer. Die Körper Vorstellungen in uns; der Raum etwas in uns, der äußere Sinn eine Eigenschaft unseres Gemüths, u. s. w. ist dieß nicht Sprachverwirrung? Wo würde dieß hinführen, wenn es in bestimmteren Anwendungen fortgesetzt würde. Göttingen etwas in mir, eine bloße Vorstellung und Modification meiner selbst; der Wall, auf dem ich spazieren gehe, in mir, die Aussicht über Wie-

 sen

sen und Felder an die Gebirge hin; Sonne, Mond — Ich verlange nicht zu scherzen; noch viel weniger zu chicaniren. Vielmehr macht es mir Mühe, gegen einen Mann, dessen philosophische Einsichten ich im Ganzen gewiß sehr hoch schätze, so zu disputiren. Aber es ist doch wesentlich, bey der Prüfung solcher Lehren, ein wenig auf Anwendungen zu denken. Diese geben Anlaß zum Orientiren.

2) Aber Kant will ja diese Anwendungen nicht. Er will nicht, daß wir die gemeine Sprache verlassen sollen; er gesteht ja die empirische Wirklichkeit der Körper und das empirische Außer uns seyn derselben ein? Ja wohl; dieß thut aber auch jeder Idealist. Keiner hat noch, außer seinem Cabinet oder seinem esoterischen Lehrvortrage, es je gewagt, durch Abweichung von der gemeinen Sprache, sich unverständlich oder lächerlich zu machen. Der ärgste Pyrrhonier hat nie die scheinbare — oder, wenn man will, empirische — Wirklich-

keit der Körper außer uns geleugnet. Also Herr Kant thut darin nicht mehr. Aber diese Distinctionen, diese Zusätze, empirisch, scheinbar, verderben alles. Denn daraus folgt doch immer, daß die Sache eigentlich anders sey; daß nur aus Gefälligkeit für den gemeinen Verstand, gleichsam exoterisch, so gesprochen werden könne. Auch wird uns hintenher das esoterische Gegentheil immer ausdrücklich angezeigt.

3) Aber Kants Idealism ist doch nicht der schwärmerische Idealism eines Berkeley. Das ist er freylich nicht. Aber ich sehe nicht, wie beym Berkeleyschen Idealism das just die schlimmste Seite seyn sollte; daß er ihn zur Bestreitung, nicht nur des Materialism, welches auch Kant thut, sondern selbst des Atheism, gebraucht. Denn im übrigen ist er dem Kantischen ganz ähnlich. Und verwahrt vor dieser Berkeleyischen Folgerung ist doch einer beym Kantischen Idealism auch nicht. Denn daß Kant nicht weiter sich einläßt in die Frage:

wo denn diese Erscheinungen der Dinge im Raum herkommen, wenn es nicht Einwirkungen wirklich außer uns verhandenen Substanzen sind; dieß wird nicht alle seine Schüler abhalten, diese Frage aufzuwerfen. Und da müssen sie, entweder nach der Leibnitzischen Hypothese, alle diese Erscheinungen für Wirkungen der eigenen Vorstellungskraft der Seele halten, oder, mit Malebranche und Berkeley, für Einwirkungen der Gottheit; oder zum Manichäismus ihre Zuflucht nehmen. Und unter diesen drey Hypothesen würde ich doch immer die Berkeleysche vorziehen.

Hauptstück. II.

Von der Caussalität und der Erkenntniß unsichtbarer Wesen.

§. 26.

Kantische Lehren von der Caussalität und der Erkenntniß unsichtbarer Wesen.

Kants Grundsätze von unserer Erkenntniß der Caussalverknüpfung und den darauf gegründeten Begriffen von den unsichtbaren Kräften außer uns sind folgende:

1) Der Begriff von Ursache ist nicht empirischen Ursprungs; sondern ein reiner Verstandesbegriff.

2) Dennoch ist er bloß auf Erfahrungen anwendbar, oder von immanentem Gebrauch. Kr. S. 633 ff.

3) Es ist eine natürliche, aber doch erkennbare Täuschung, wenn wir mit Hülfe dieses,

oder anderer unserer Begriffe, Vorstellungen von Ursachen, die nicht in der Anschauung vorkommen, zu gewinnen glauben. Kr. S. 642 ff. Die Vernunftbegriffe sind — außer der Anwendung auf Erfahrungen, als regulative Principien — bloße Gedanken-Dinge, deren Möglichkeit nicht erweislich ist, und die daher auch nicht der Erklärung wirklicher Erscheinungen, durch eine Hypothese, zum Grunde gelegt werden können. S. 771. Bloß intelligible Wesen lassen sich mit keiner gegründeten Befugniß der Vernunft als Meinung annehmen; ob zwar (weil man von ihrer Möglichkeit oder Unmöglichkeit keine Begriffe hat) auch nicht dogmatisch ableugnen. S. 772. Die streitenden Theile — wie z. B. der Theist und Atheist — streiten über eine Sache, deren Realität keiner von beiden darthun kann; weil jeder nur über einer Idee brütet — deren Object er in keiner Erfahrung darstellen kann; beide über die Bedingung aller möglichen Erfahrung hinausgehen, außerhalb welcher kein Document der Wahrheit irgendwo angetroffen wird S. 750 f.

Die

Die Wirklichkeit solcher Ideen (z. E. eines höchsten Wesens) bloß wahrscheinlich machen wollen, ist ein ungereimter Vorsatz — Meinungen und wahrscheinliche Urtheile von dem, was Dingen zukommt, können nur als Erkenntnißgründe dessen was wirklich gegeben ist, oder Folgen nach empirischen Gesetzen von dem, was als wirklich zum Grunde liegt, mithin nur in der Reihe der Gegenstände der Erfahrung vorkommen. Außer diesem Felde ist Meinen so viel als mit Gedanken spielen. Bey den Speculationen der reinen Vernunft können keine Hypothesen Statt finden, um Sätze darauf zu gründen, sondern nur um sie andern Hypothesen entgegen zu setzen. S. 775. f.

4) Es ist dem speculativen Interesse der Vernunft entgegen, und erzeugt eine faule Vernunft; wenn man bey den Untersuchungen der Natur andere als zur Natur gehörige Ursachen annehmen, oder anerkennen will. Ordnung und Zweckmäsigkeit der Natur muß wiederum

wiederum aus Naturgründen und nach Naturgesetzen erklärt werden. Und hier sind selbst die wildesten Hypothesen, wenn sie nur physisch sind, erträglicher als eine hyperphysische, als die Berufung auf einen göttlichen Urheber, den man zu diesem Behuf voraussetzt. Kr. S. 689 ff. 772 ff.

5) Unterdessen ist die Vernunft doch genöthigt, und es ist insbesondere ihrem praktischen Interesse gemäß, außer diesen natürlichen Ursachen, eine intelligible Ursache als den letzten Grund alles bedingten anzunehmen. Diese befindet sich aber in einem unendlichen nie zu erreichenden Abstand von den natürlichen Ursachen; so daß sie, mit Hülfe unserer Begriffe, nicht vorgestellt werden kann. Kr. S. 675 ff.

6) Doch dürfen wir uns ihr Verhältniß zur Natur nach der Analogie uns bekannter Verhältnisse denken; welches den symbolischen Anthropomorphismus ausmacht, den einzigen gegen die Humisch-atheistischen Einwürfe gesicher-

gesicherten Theismus. Kr. S. 700 ff. Proleg. S. 175 f.

§. 27.

Eine andere Vorstellungsart von eben diesen Gegenständen.

Meine Philosophie von eben diesen Gegenständen beruht auf folgenden Grundsätzen.

1) Der Begriff von Ursache ist völlig empirischen Ursprungs.

2) Aber sein Gebrauch schränkt sich nicht bloß auf Gegenstände der Erfahrung oder der unmittelbaren Anschauung ein. Denn es ist der Natur unsers Verstandes gemäß, aus dem, was wir durch die Erfahrung mit Gewißheit erkannt haben, angemessene Schlüsse und Vermuthungen uns entstehen zu lassen.

3) Wir können nicht anders, als nach den offenbaren Wirkungen die verborgenen Kräfte und Ursachen benennen; und thun also recht daran; wenn uns gleich diese einen uns bekannten Wirkungen nicht das ganze Wesen der

der dabey zu Grunde liegenden Kräfte und Mittel-Wirkungen offenbaren.

4) Die Vernunft ist genöthiget, bey dem Abhängigen und Bedingten etwas Unabhängiges und Unbedingtes, als den letzten Grund, anzunehmen.

5) Dabey aber eben so wenig fähig, die Reihe der subordinirten Ursachen bis zu dieser ersten Ursache überall vollständig anzugeben; als berechtiget bey den Untersuchungen über die Natur die Mittelursachen vorsetzlich zu überspringen oder zu vernachlässigen.

6) Alle unsere Erkenntniß ist relativ und unvollständig; und bey weitem der größte Theil derselben analogisch-symbolisch. Die Philosophie, als gründliche Einsicht in die Natur unserer Erkenntniß, erlaubt uns also nicht, den Theismus darum zu verwerfen, oder, außer dem Gesichtspunkt des praktischen Interesse, unter den ideenleeren, kraftlosen Deismus herab zu würdigen, weil er nur auf analogisch-

symbo-

symbolischer Erkenntniß und Vorstellungen von Verhältnissen beruht.

§. 28.

Hauptstellen der Kantischen Kritik die Gründe unseres Begriffes von Caussalität betreffend.

Die allgemeine Lehre von der Caussalität trägt Kant in der Kritik S. 189 ff. und in den Proleg. §. 27 ff. vor. Hauptsätze dabey sind folgende:

1) Der Begriff von einer Ursache sey nicht empirisch oder aus der Erfahrung abgezogen. Denn er zeige eine Nothwendigkeit des Erfolges an. Und diese erfahren wir nicht; sondern höchstens nur, daß etwas oft, gewöhnlich, oder, in einem gewissen Umfang, von Wahrnehmungen, beständig geschehe.

2) Unterdessen haben wir diesen Begriff; und haben ihn nicht bloß in Beziehung auf unsere Urtheile, und deren Abhängigkeit von ihren Gründen; (Proleg. §. 29.) sondern wir haben und gebrauchen ihn auch in Ansehung

hung der äußern Erscheinungen. Ja diese Erscheinungen oder sinnlichen Wahrnehmungen würden gar keine Erfahrung d. h. keine objective und allgemeine Wahrheit enthalten, ohne deren Verbindung unter jenen Begriff.

3) Derselbe müsse also ein reiner Verstandesbegriff seyn, oder eine ursprünglich gegründete Function des Verstandes, durch die allererst Erfahrung möglich würde.

4) Daß und wie wir ihn aber so vor aller Erfahrung haben, müßte, nach der Kantischen Zergliederung, aus folgenden Bemerkungen erhellen.

a) Daß etwas geschehe, d. i. etwas oder ein Zustand werde; kann nicht empirisch wahrgenommen werden; wo nicht eine Erscheinung vorhergeht, welche diesen Zustand nicht in sich enthält. Denn eine Wirklichkeit, die auf eine leere Zeit folgt, mithin ein Entstehen, vor dem kein Zustand der Dinge vorhergeht, kann eben so wenig, als die leere Zeit seblst apprehendirt werden.

werden. Jede Apprehension einer Begebenheit ist also eine Wahrnehmung, welche auf eine andere folgt.

b) Bey einer Erscheinung die ein Geschehn enthält, ist aber die Folge in der Ordnung der Wahrnehmungen nicht in der Gewalt des wahrnehmenden Subjectes oder von seiner Willkühr abhängig; wie bey der successiven Wahrnehmung der Theile eines schon ganz vorhandenen Objects, z. B. eines Hauses, die ich bald so her, bald rückwärts, einen nach dem andern betrachten kann; sondern sie ist durch das Object selbst bestimmt und nothwendig gemacht.

c) Eine Begebenheit also, als eine solche, setzt überhaupt, oder nach dem allgemeinen Begriff, immer etwas voraus, worauf sie folgt, und nothwendig folgt; weil es dabey nicht von dem Belieben des Wahrnehmenden abhängt, die Ordnung umzukehren.

d) Bey einer jeden Begebenheit also liegt in etwas vorhergehendem die Bedingung zu einer Regel, nach welcher jederzeit und **nothwendiger** Weise diese Begebenheit folgt. Oder alles, was geschieht, muß sich als etwas Bedingtes auf etwas vorhergehendes als die Bedingung beziehen.

e) „Man setze, es gehe vor einer Begebenheit nichts vorher, worauf dieselbe nach einer Regel folgen müsse: so wäre alle Folge der Wahrnehmung nur lediglich in der Apprehension d. i. bloß subjectiv; aber dadurch gar nicht objectiv bestimmt, welches eigentlich das Vorhergehende und welches das Nachfolgende der Wahrnehmungen seyn müsse. Wir würden auf solche Weise nur ein Stück der Vorstellungen haben, das sich auf gar kein Object bezöge; d. i. es würde durch unsere Wahrnehmung eine Erscheinung von jeder andern, dem Zeitverhältnisse nach — gar nicht unterschieden seyn — weil durch das Object keine gewisse Folge nothwendig gemacht ist.„

f) Wenn wir also **erfahren**, daß etwas geschieht: so setzen wir dabey jederzeit **voraus**,

daß

daß irgend etwas vorhergehe, worauf es nach einer Regel erfolgt. — Also geschieht es immer in Rücksicht auf eine Regel, nach welcher die Erscheinungen in ihrer Folge durch den vorigen Zustand bestimmt sind, daß ich meine subjective Synthesis der Apprehension objectiv mache; und nur lediglich unter dieser Voraussetzung allein ist die Erfahrung von etwas, was geschieht, möglich.

g) Zu aller Erfahrung und deren Möglichkeit gehört Verstand. Und das erste, was er dazu thut, ist nicht, daß er die Vorstellung des Gegenstandes deutlich macht: sondern daß er die Vorstellung eines Gegenstandes überhaupt möglich macht. Dieses geschieht nun dadurch, daß er die Zeitordnung auf die Erscheinungen und deren Daseyn überträgt, indem er jeder derselben, als Folge, eine in Ansehung der vorhergehenden Erscheinungen *a priori* bestimmte Stelle in der Zeit zuerkennt: ohne welche sie nicht mit der Zeit selbst, die allen ihren Theilen *a priori* ihre

Stelle bestimmt, übereinkommen würden. Diese Bestimmung der Stelle kann nun nicht von dem Verhältnisse der Erscheinungen gegen die absolute Zeit entlehnt werden; (denn diese ist kein Gegenstand der Wahrnehmung) sondern umgekehrt, die Erscheinungen müssen einander ihre Stellen in der Zeit selbst bestimmen, und dieselben in der Zeitordnung nothwendig machen; d. i. dasjenige, was da folgt oder geschieht, muß nach einer allgemeinen Regel auf das, was im vorigen Zustand enthalten war, folgen; woraus eine Reihe der Erscheinungen wird, die vermittelst des Verstandes, eben dieselbe Ordnung und stetigen Zusammenhang in der Reihe möglicher Wahrnehmungen hervorbringt und nothwendig macht, als sie in der Form der innern Anschauung (der Zeit) darin alle Wahrnehmungen ihre Stelle haben müssen, a priori angetroffen wird.

h) Daß also etwas geschieht, ist eine Wahrnehmung, die zu einer möglichen Erfahrung

fahrung gehört, die dadurch wirklich wird, wenn ich die Erscheinung ihrer Stelle nach, in der Zeit, als bestimmt, mithin als ein Object ansehe, welches nach einer Regel im Zusammenhang der Wahrnehmungen jederzeit gefunden werden kann. Diese Regel aber, etwas der Zeitfolge nach zu bestimmen ist: daß in dem was vorhergeht, die Bedingung anzutreffen sey, unter welcher die Begebenheit jederzeit, d. i. nothwendiger Weise folgt. Also ist der Satz vom zureichenden Grunde der Grund möglicher Erfahrung, nemlich der objectiven Erkenntniß der Erscheinungen, in Ansehung des Verhältnisses derselben, in Reihenfolge der Zeit.„

i) Mit dem Bisherigen verbinde man noch die Stelle Kr. S. 737. „Es kann Niemand den Satz, alles was geschieht, hat seine Ursache, aus diesen gegebenen Begriffen allein gründlich einsehen. Daher ist er kein Dogma, ob er gleich in einem andern Gesichtspunkte, nemlich dem einzigen Fall seines möglichen

Gebrauches d. i. der Erfahrung, ganz wohl und apodiktisch bewiesen werden kann. Er heißt aber Grundsatz und nicht Lehrsatz, darum weil er die besondere Eigenschaft hat, daß er seinen Beweisgrund, nemlich Erfahrung, selbst zuerst möglich macht, und bey dieser immer vorausgesetzt werden muß.

§. 29.

Beleuchtung des Sinnes und Gehaltes derselben.

Ich habe mit Fleiß mehrere ausführliche Stellen abgeschrieben, um meine Leser, und auch diejenigen, die die Kritik der R. V. nicht bey der Hand haben, in den Stand zu setzen, zu beurtheilen, wie die Kantischen Erklärungen über einen so wichtigen Gegenstand beschaffen seyn. Ich habe mehrere Stellen nach einander abzuschreiben für gut gehalten, obgleich die eine nicht mehr zu sagen scheint, als die andern, sondern nur das Vorige wiederholt, weil unser Lehrer solche Wiederholungen

gen auch selbst gut gefunden hat. Ja diese Wiederhohlungen derselben Sätze kommen in dieser Materie bey ihm noch ungleich öfter vor. Man merkt es, dünkt mich, offenbar, daß es diesem in der Sprache sonst so fertigen und in der Auffindung der seinen Absichten angemessenen Ausdrücke so geschickten Schriftsteller hier schwer ward, sich deutlich zu erklären.

Was ich bey meinen Auszügen übergangen habe, wird schwerlich jemanden mehr Licht geben. Doch soll es mir lieb seyn, wenn meine Leser alles im Zusammenhange selbst nachsehen und überdenken.

Ich habe Abtheilungen gemacht; um dem Nachdenken Ruhepunkte anzuweisen, und in der Folge etwa leichter bestimmte Rückweisungen geben zu können. In eben der Absicht habe ich einzelne Worte und Sätze unterstrichen.

Und nun will ich nur noch gleich vorläufig bemerken, was ich in dem ausgezogenen Texte für klar und ausgemacht halte; und was mir noch dabey aufzuklären und auszumachen nöthig scheint.

Klar und ausgemacht ist es:

1) Daß, wo wir zum Gegenstand unserer Erkenntniß etwas haben, was nicht bloß unsere eigene Idee, sondern ein reelles Object *ist*, die Bestimmungen dieses Gegenstandes auch nicht, so wie die Bestimmungen unserer innerlich selbst geschaffenen bloßen Vorstellungen, bloßer Gedankendinge, nach unserer Willkühr sich richten.

2) So ist bey einer wirklichen Begebenheit insbesondere auch die Ordnung, das Vorhergehende und Nachfolgende, nicht von unserer Vorstellungskraft nach Willkühr bestimmt, sondern macht einen wesentlichen Theil des Objectes aus.

3) Klar ist, daß dennoch zu aller unserer Erkenntniß unser Verstand gehörte, und daß ohne diesen jene aus der sinnlichen Perception

ception allein nicht entstehen konnte. Insbesondere mußte also unser Verstand auch zur Wahrnehmung der Begebenheiten das Vermögen haben, das Vorhergehende und Nachfolgende deutlich zu unterscheiden, oder seine einzelnen Wahrnehmungen mittelst des Begriffes von der Zeit zu ordnen *).

4) Ausgemacht ist es, daß Erfahrung eine Erkenntniß ist, die uns, objectivisch bestimmt, zu Theil worden ist — im Gegensatz auf bloße Einbildungen, Träumereyen, und eigenmächtige Ideenspiele.

5) Klar, daß zur Regelmäßigkeit eines Erfolges ein solches Verhältniß des Vorhergehenden zum Nachfolgenden erforderlich ist, vermöge dessen nicht bloß jetzt, einmal, zu-

*) Kant behauptet, daß der Begriff von der Zeit eben so wenig empirisch, sondern a priori sey, wie der vom Raum, und mit denselben Gründen. Ich habe nicht für nöthig gehalten, mich darauf besonders einzulassen, weil beide Behauptungen, da sie auf einerley Gründen beruhen, mit einander stehen oder fallen müssen.

fällig, dieses nach jenem gekommen ist, sondern immer, oder (wenn bisweilen Hindernisse dazwischen treten) doch gewöhnlich so kömmt.

6) Ausgemacht endlich, daß eine solche Regelmäßigkeit da ist, wo Caussalverhältniß ist, wo das Vorhergehende Grund und Bedingung des Nachfolgenden ist. Weswegen der Hauptsatz der Lehre von der Caussalität, daß alles seinen Grund habe, auch der Grundsatz der Regelmäßigkeit genannt wird.

Aber

1) Liegt in jeder Erfahrung die Erkenntniß einer regelmäßigen Folge? Oder ist die gegenwärtige durch das Object, nicht durch unsere Willkühr, bestimmte Ordnung in der Folge einer Begebenheit so fort eine Ordnung, die jederzeit so ist, und so seyn muß? Ich höre einen Schuß A, darauf eine Menschenstimme B, dann eine Glocke C, unmittelbar darauf einen Wagen fahren D. Ich bin gewiß, daß ich mir dieß nicht bloß einbilde, nicht träume, oder mit Gedanken spiele; sondern

etwas

etwas objectivreelles vernehme, wirklich höre; und die Ordnung der Wahrnehmungen A, B, C, D, objectiv bestimmt erhalten habe. Ist darum diese Ordnung Caussalverhältniß? Ist darin eine Regel einer beständigen, nothwendigen Folge?

2) Die Regelmäßigkeit der Folge nach den Naturgesetzen der Caussalität ist zwar einer von den Gründen, um wirkliche Erfahrungen von Einbildungen und Erdichtungen zu unterscheiden; und es ist dieß, wenn man will, der räsonnirteste, oder der eigentliche Vernunftgrund. Dennoch kann nicht geleugnet werden, daß es nicht der einzige, nicht der gemeinste ist; und daß wir ihn wohl entbehren können. Wir entbehren ihn ja in so vielen Fällen, wo wir die Wahrnehmung, das Factum wohl haben, aber die Ursache erst aufsuchen, die That wohl wissen, aber nicht den Thäter, sie gar noch nicht begreifen, aber darum doch nicht bezweifeln können. Und Dichtungen hingegen können die regelmäßigste Folge und Verbin-

Verbindung haben, so weit wir sie jetzt beachten; und wir können doch sehr gut wissen, daß es nur Dichtungen sind.

3) Wir setzen zwar freylich bey jeder Erfahrung voraus, daß alles dabey vorgefallene seinen Grund habe, aber diese Voraussetzung gehört doch nicht zur Erfahrung selbst, zum facto und zur Gewißheit desselben. Ein anderes ist Geschichte, ein anderes Philosophie.

4) Wollte man aber dennoch die Regelmäßigkeit, die Caussalität, mit in die Nominalerklärung von einer Erfahrung bringen: so bliebe doch immer noch die Frage unaufgeklärt und unbeantwortet, woher unserm Verstande diese Voraussetzung der Regelmäßigkeit und Caussalität bey den Erfahrungen, dieser Zusatz der Allgemeinheit und Nothwendigkeit einer gewissen Ordnung in den wahrgenommenen Begebenheiten komme?

5) Ist diese Voraussetzung, dieser Zusatz durch die Begriffe unseres Verstandes *a priori*

bestimmt?

bestimmt? Dies haben bekanntlich schon viele behauptet. Wäre dieses: so wäre der Hauptsatz der Caussalitätslehre einem jeden so unmittelbar einleuchtend, wie der Grundsatz vom Widerspruch; so brauchten wir keine so mühsame und weitläuftige Deduction desselben. Und dann wäre auch der Streit mit Humen über die Anwendbarkeit jenes Hauptsatzes auf Gegenstände und Verhältnisse, die unsere Erfahrung nicht in sich fasset, geschwind abgethan. Dieß kann Kants Meynung nicht seyn; ist sie nicht (§. 28. Nro. i.)

6) Ist, bey einer gegebenen Erfahrung, einer wirklichen Begebenheit, unser Verstand a priori, oder durch seine Natur bestimmt, sich eine Ursache derselben zu denken? Dieß ohne Zweifel ist Kants Meynung. Aber wo ist der Beweis? Können wir eine Erfahrung nicht denken, nicht denken, daß etwas geschehen sey, ohne eine Ursache dabey zu denken oder vorauszusetzen; so wie wir einen Triangel nicht denken können, ohne Linien

und

und Winkel? (Nro. 5.) Können wir nicht eine Erfahrung wirklich haben, Veränderungen außer uns in einer gewissen Ordnung empfinden, wahrnehmen; ohne die Voraussetzung einer Ursache oder einer bedingten Nothwendigkeit und beständigen solchen Folge dieser Veränderungen außer uns? (Nro. 1–3.)

§. 30.

Unzulänglichkeit der Kantischen Deduction.

Wenn man diese Fragen und Bemerkungen überlegt, und mit dem zusammenhält, was Kant zur Deduction der Caussalitäts-Urtheile beygebracht hat: so dünkt mich erhelle deutlich, daß es diesem scharfsinnigen Philosophen nicht besser gegangen ist, als allen denjenigen, die jene Urtheile nicht empirisch, aus der Uebereinstimmung unserer mehreren Wahrnehmungen, sondern a priori haben deduciren und rechtfertigen wollen. Alle, wenn sie nicht das zu erweisende im Beweis selbst schon voraussetzen, beweisen etwas anders, als was sie beweisen sollten.

Kant

Kant beweiset — was schwerlich jemand leugnen wird — daß bey jeder Begebenheit eine objectiv bestimmte Ordnung sey. Und setzt dazu, ohne daß man einsieht, mit welchem Rechte, daß diese jetzige objective Ordnung eine Regel enthalte, oder eine nothwendige und jederzeit so statt findende Ordnung sey. Oder er beweiset, wenn man ihn anders erklären will, daß bey jeder Begebenheit vor dem, was folgt, irgend etwas vorhergehen müsse. Denn ich will jetzt zugeben, oder annehmen, daß er dieses bewiesen habe. Allein die Ursache ist nicht irgend etwas, was vorherging; sondern gerade dieß, was es seyn mußte, um dasjenige, was folgte, möglich und begreiflich zu machen. Denn wenn auch alle Caussalität aufgehoben wäre, und statt der Regelmäßigkeit der Natur Epikurischer Zufall herrschte: so wäre doch damit die Zeitfolge nicht aufgehoben, den Vorstellungen nach. Daß gerade A vor B hergehen mußte, nicht x oder y an der Stelle von A seyn konnte, wenn B folgen sollte; dieß gibt den Begriff von einer bedingten, abhängigen Folge oder von Caussalität.

Man möchte vielleicht sagen — und es ist bey den unternommenen Beweisen des Hauptsatzes von der Caussalität auch wirklich gesagt worden — daß zur Wahrheit jeder einzelnen Begebenheit auch gerade dieß vorhergehende A vor diesem nachfolgenden B gehöre. Allein dieß ist wieder eine Verwechselung verschiedener Grundsätze. Eine jede Sache ist das, was sie ist, oder muß die sie ausmachenden Bestandtheile haben, also auch eine jede Begebenheit, diese Begebenheit a + b ist a + b nicht c + d — dieß sind unzweifelhafte Folgen aus dem Satz vom Widerspruch. Aber etwas anders ist der Grundsatz der Caussalität, der da will, daß bey der Begebenheit a + b, b erst durch a möglich geworden sey; nicht daß das Ganze aus a + b bestehe.

Man hat auch die Erkenntnißgründe mit den Realgründen in dieser Materie oft verwechselt.

wechselt. Und dieß würde denn wieder der Fehler seyn, wenn man den Hauptsatz der Caussalität damit in Absicht auf unsere Erfahrungen bewiesen zu haben glaubte, daß man bemerklich machte, wie Erfahrungen objectiven Grund haben müssen. Denn diesen könnten sie haben; ich könnte nach der strengsten anti-idealistischen und influxistischen Dogmatik einräumen, daß meine Wahrnehmung der Folge A, B, C, D (§. 29. Nro. 1.) objectiven Grund außer mir habe; und wäre noch weit entfernt von dem Satze, **daß nichts ohne Ursache geschehe**; könnte noch immer annehmen, daß diese Folge außer mir ohne Grund, nach Epikurischem Zufalle, so gekommen sey. Vermeinte aber etwa einer den Knoten dadurch aufzulösen, daß er, auf gut idealistisch, den Unterschied zwischen Dingen die wir wahrnehmen und unseren Wahrnehmungen für nichts achtete, und also im objectiven, von der Willkühr, unabhängigen, Erkenntnißgrund zugleich auch den Realgrund zu haben behauptete; nun so hieße dieß wohl nicht den Knoten auflösen, sondern zerhauen. Oder nicht zerhauen, sondern noch mehr verflechten. Denn alles das bey Seite gesetzt, was im ersten Hauptstück über die Ideen- und Sprach-Verwirrungen, die das Wesen des Idealismus ausmachen, angemerkt worden ist: so setzt gerade der Idealism, welcher egoistisch, den Objecten der äußern Sinne auch nicht einmal Realgründe außer uns zugestehen will, sondern sie für bloß subjectivisch gegründet hält, den Hauptsatz der Caussalität dem allerstärksten Einwurf aus; dem nentlich, daß unsere sinnlichen Wahrnehmungen gar nicht mit zureichenden Gründen auf einander zu folgen scheinen können, wenn nicht äußere Ursachen derselben angenommen werden. Nimmt aber der Idealist ein oder mehrere Ursachen unserer Empfindungen außer den empfindenden Subjecten an: so muß er auch eingestehen, daß die Abhängigkeit unserer Empfindungen von äußerlichen Ursachen an sich, oder überhaupt betrachtet, noch nichts darüber entscheide, ob die Folge ihrer Einwirkungen auf uns, nach dem Begriff von

Caussalität, regelmäßig, oder zufällig und regellos sey.

Doch wir haben nicht Ursache die gegenwärtige Untersuchung mit den idealistischen Spitzfindigkeiten in Verbindung zu bringen; da nicht nur der Ungrund dieser bereits offenbar ist, sondern auch unser Philosoph, in den angezogenen Hauptsätzen, sie nicht von einander abhängig gemacht hat. Ich kam aber in diese Wendung, indem ich diese Kantischen Grundlehren von allen Seiten zu beleuchten suchte. Und da ich denn überall das nicht gefunden habe, was da seyn sollte: so erwarte ich noch, daß Herr Kant, oder irgend jemand, aus seiner Kritik mir einen nicht von der Erfahrung hergenommenen Grund unserer Begriffe und Grundsätze von der Caussalität bemerklich mache.

Unterdessen wollen wir sehen, wie wir auf unserm einmal gewählten Posten einer ganz auf Erfahrung (des innern und äußern Sinnes) sich stützenden Philosophie eben diese Begriffe und Grundsätze gegen die Humisch-Kantischen Einwürfe vertheidigen können.

§. 31.

Ursprung des Begriffes von nothwendiger und bedingter Folge.

Der Begriff von Ursache — dieß ist der Einwurf — faßt eine objective Nothwendigkeit in sich. Eine solche ist uns aber durch die Erfahrung nicht erkennbar. Also — schließt Hume — ist dieser Begriff mit seinen Anwendungen nur das Werk der an gewisse Ideen-Verbindungen durch mehrere einstimmige Erfahrungen, gewöhnten Imagination. Also — schließt hingegen Kant — muß er eine, freylich auf Erfahrung abzielende, aber doch a priori wesentliche, und die Erfahrung erst möglich machende, Function oder Denkform des Verstandes zum Grunde haben.

Allerdings liegt in der Idee von Ursache die von Nothwendigkeit, das Gegentheil von

Zufall.

Zufall. Wenn auf A auch noch so oft B folgte, und wir wüßten oder setzten voraus, daß A hätte weg, und nichts, oder was man will, an seiner Stelle seyn können, und B nichts desto weniger gekommmen seyn würde; oder daß A mit allen seinen innern und übrigen äußern Bestimmungen, wie damals, als B folgte, hätte da seyn, und nicht B, sondern X folgen können: so können wir uns keine Caussalverbindung zwischen A und B mehr denken.

Und wie gelangen wir nun zur Erkenntniß einer solchen Nothwendigkeit überhaupt, und in den vielen besondern Fällen, wo wir sie nach gemeiner Denkart anerkennen?

1) Daß die Idee von Nothwendigkeit überhaupt aus unsern Empfindungen uns entstehen könne, ist im ersten Hauptst. (§. 9.) schon angemerkt worden; und unleugbar. Aber auch zur Idee von einer nothwendigen Folge und Dependenz, wie zum Begriff von Ursache gehört, liegt voller Grund in einigen unserer Gefühle. Kant selbst hat, bey der Unter-

suchung der Möglichkeit dieser Idee, auf die Folge unserer Urtheile aus einander sich berufen. Und ganz aus der Analogie des Verhältnisses der Conclusion zu den Prämissen unserer Vernunftschlüsse hat ein anderer unserer tiefforschenden Philosophen, Tetens, die wesentliche Idee von der Caussalität deducirt. Ob nun gleich die den Gesetzen unseres Verstandes gemäßen Caussalitäts-Urtheile — wie bald genauer bemerkt werden soll — weiter sich ausbreiten, als geschehen dürfte, wenn sie ganz genau nach dieser Analogie sich formten: so liegt doch Grund zur Idee von der Caussalität überhaupt, und in ihrer größten Vollkommenheit in dem, was wir bey dem Verhältniß der Conclusion zu den Prämissen in einem Vernunftschlusse gewahr werden. Sind die Prämissen gesetzt: so muß der Verstand diese Folge ziehen. Und wir können aus den Prämissen die Conclusion vorhersehen, ehe sie uns noch gesagt wird; auch rückwärts nicht selten aus der Conclusion die Prämissen entdecken.

Aber

Aber nicht bloß bey der Folge unserer Urtheile aus einander empfinden wir diejenige Nothwendigkeit und Dependenz, die den Begriff von Caussalverhältniß ausmachet; sondern auch sehr oft beym Entstehen anderer innerer Zustände und Veränderungen. Wer kann — ohne sein Bewußtseyn zu verleugnen — diese Nothwendigkeit und Dependenz in Ansehung der Gefühle und sinnlichen Wahrnehmungen leugnen? Können wir sehen und hören und fühlen, wann und was wir wollen; oder müssen wir nicht vielmehr unter den bekannten Umständen? Und sind nicht hinwiederum diese Umstände nothwendige Bedingungen, ohne die es uns nicht möglich ist?

Ich will mich nicht auf die Abhängigkeit der Entschliessungen von den Beweggründen berufen; weil hier die vollkommene Caussalität von einigen geleugnet wird. Das Bisherige ist überflüssig hinreichend zum Beweise, daß solch ein Begriff, wie der von der Ursache, überhaupt wohl aus Empfindungen ent-

konnte und entstehen mußte. Und es wird alles nöthige zur völligen Aufklärung desselben enthalten, wenn wir insbesondere auch die Idee von Kraft, als einen wesentlichen Bestandtheil desselben herausheben, und mit in die Frage vom Ursprunge des Begriffs von einer Ursache bringen. Denn es wird doch wohl nicht geleugnet werden, daß wir *Kraft*gefühle haben, bey unserm Denken, Wollen und den mancherley andern uns widerfahrenden Empfindungen?

Aber nun wenden wir freylich den Begriff von der Caussalität auf die Dinge außer uns an, und deren Verhältnisse unter einander, wo wir doch kein Gefühl von Nothwendigkeit haben. Wie kommen wir zu dieser Ausdehnung, und womit kann sie gerechtfertiget werden?

Und wenn man tiefer zurückgeht in die angezeigten Gründe dieses Begriffes; so kann man noch einen andern Einwurf gegen die Möglichkeit seiner empirischen Begründung machen. Wie wollen wir, auch nur in Beziehung auf uns selbst und unsere innere Veränderungen, zur Vorstellung eines jederzeit nothwendigen oder allgemein festgesetzten Verhältnisses gelangen, durch Gefühle, die immer nur einzelne Bemerkungen, hergeben können, nichts allgemeines uns vorhalten?

Es ist gut, wenn die Skepsis bis zu diesem letzten Zweifel fortgeht, der selbst den Grund des Satzes vom Widerspruch, in seiner allgemeinen Aussage, angreift. Denn das Licht, was hier aufgeht, ist nöthig, um die Antwort auf den ersten Zweifel zu finden, und das Genugthuende derselben einzusehen.

§. 32.

Grund der allgemeinen Urtheile.

Es ist nemlich allerdings an dem, und kann nur so lange bezweifelt werden, als man mit der Untersuchung nicht tief und scharf genug eingeht, daß uns alle unsere allgemeine Sätze, wenn sie nicht bloß andern nachgesprochen werden, sondern als eigene Urtheile in uns selbst entstehen, nur aus der Vereinigung mehrerer einzelner Bemerkungen entstehen.

1) Einige entstehen, bey der Vergleichung bloßer Vorstellungen, aus innern Gefühlen. Diese Vorstellungen und Gefühle sind aber jedesmal an sich betrachtet etwas gegenwärtiges, jetziges, individuelles. Wie soll denn aus ihnen gerade zu sich etwas allgemeines zu erkennen geben? Man wird vielleicht antworten, daß bey dieser Gattung unserer allgemeinen Urtheile allgemeine Begriffe zum Grunde liegen; und daß also das dabey wahrgenommene Verhältniß nichts anders als in einem allgemeinen Satze ausgesagt werden könne. So entstehe bey den allgemeinen Begriffen vom Ganzen und dem Theil das allgemeine Urtheil, daß das Ganze mehr sey, als der Theil, und so viel als alle Theile zusammengenommen; eben so daß kein Cirkel vierekigt und 2 + 2 = 4 sey. Aber

2) Ist ein allgemeiner Begriff kein Grunderkenntniß, sondern selbst eine Collection, ein

Resultat.

Resultat. Der allgemeine Begriff vom Menschen ist nichts anders als das Gemeinschaftliche der vielen Menschen, die man kennt, oder von denen man gehört hat.

b) Ist bey der Anwendung unserer allgemeinen Begriffe eigentlich nur der Name, oder das andere Zeichen, das ihn andeutet, allgemein in der Erkenntniß. Die Erkenntniß selbst, die Anschauung, die beym Namen entsteht, ist allemal etwas einzelnes. Der Cirkel, den wir anschauen, ist immer ein einzelner Cirkel; so auch jedes anschauliche Ganze, und jeder anschauliche Theil. Mehrentheils aber kömmt es bey den Gemeinnamen, und den andern Zeichen allgemeiner Begriffe, gar nicht zur Sacherkenntniß, zur Anschauung, und darf nicht dazu kommen, wenn wir nicht das Allgemeine darüber verlieren wollen. Sondern eine dunkle Erinnerung und allmälig entstandene Ueberzeugung daß diese Namen auf etwas reelles sich beziehen, Sachen bedeuten, und die von ihnen abhängige gewohnte

Ideen-

Ideenadsociation leitet unser Denken nach allgemeinen Begriffen und Zeichen; das freylich, wie bekannt ist, eben wegen dieser Entfernung von der wirklichen Sacherkenntniß (Anschauung) leicht die Gefahr nach sich zieht, leere, oder nur halb wahre Zeichenverbindung für Gedanken und Naturkenntniß anzunehmen, wenn nicht von Zeit zu Zeit ein Blick in die wirkliche innere oder äußere Natur uns orientirt und zu rechte bringt.

c) Hängen unsere ins Allgemeine gehenden Urtheile und Aussprüche, auch wenn sie allernächst aus allgemeinen Begriffen, oder vielmehr Zeichen, entstehen, doch immer von zwo Bedingungen ab, die deren Grund im Einzelnen verrathen.

α) Muß vorausgesetzt werden, daß die Namen des Subjects und Prädicats, Gott, gerecht, Cirkel, viereckigt, nie etwas anderes bedeuten, als was ich mir jetzt dabey denke, oder sie jetzt gelten lasse.

β) Muß

β) Muß vorausgesetzt werden, daß die Unmöglichkeit, die ich jetzt in mir gewahr werde oder empfinde, das Verhältniß der vorschwebenden Begriffe anders mir vorzustellen, als ich jetzt thue, keine vorübergehende, sondern eine beständige, unveränderliche Einrichtung meiner Natur sey. Denn wo ich dieß bezweifeln könnte (§. 9. 10) würde ich nicht Grund haben, für **immer** so abzusprechen, wie ich für jetzt zu urtheilen mich genöthigt fühle. Und wenn vollends mein Urtheil nicht bloß eine subjective Allgemeinheit für mich haben, sondern **objectiv**, in Ansehung aller Menschen, ja aller verständiger Wesen allgemein gültig seyn soll: so muß ich ferner noch voraussetzen, daß nicht nur in mir, sondern in allen Menschen und allen verständigen Wesen das, was mich so zu urtheilen zwingt, eine unveränderliche Eigenschaft sey; nicht eine Eigenheit meines Verstandes; oder etwas so zufälliges, wie die Ursachen, die da machen, daß einigen Kranken alles gelb aussieht, oder alles bitter schmecket.

Aber

Aber bey aller dieser Abhängigkeit unserer allgemeinen Urtheile von einzelnen Empfindungen und Bemerkungen, in ihrem ersten Ursprunge, auch derjenigen, die es bloß mit subjectiven Vorstellungen und innern Gefühlen zu thun haben, läßt sich dennoch ihre Ausdehnung zur Allgemeinheit nicht nur wohl begreifen; sondern auch rechtfertigen.

Es ist ein Hauptgesetz unseres Verstandes, über welches sich unsere Untersuchung bald weiter verbreiten soll, daß uns zu allen unsern Urtheilen Gründe nöthig sind; wir mögen nun bejahen oder verneinen, unsere Vorstellung dadurch erweitern oder einschränken. Ohne Grund oder gegen die Gründe urtheilen hieße in den Tag hineinreden, nicht denken, hieße auf Vernunft und Wahrheit Verzicht thun.

Wenn wir nun ein Verhältniß zwischen einigen unserer Vorstellungen und eine Nothwendigkeit des Anerkennens desselben so klar und deutlich, und so anhaltend, so jeden

Augenblick aufs neue und immer auf dieselbe Weise empfinden, das Gegentheil davon, wie oft wirs auch versuchten, nie uns vorstellen und anerkennen können; wie sollten wir denn dazu kommen, das Gegentheil dennoch für denkbar zu halten? Wie denn also dazu kommen, unsere Bemerkung einzuschränken auf eine nur dann und wann bey uns Statt findende Denkart; und die entgegen gesetzte für möglich zu halten? Es wäre ja ohne allen Grund, und wider die Erkenntniß, die wir haben.

Wenn nun noch die Uebereinstimmung aller andern Menschen hinzukömmt, wo sollte auch nur der geringste Schein eines Grundes zur Einschränkung des Urtheils auf Particularität herkommen? So entstehen die allgemeinen Wahrheiten vom menschlichen Verstande und der menschlichen Natur überhaupt; vom Grundsatz des Widerspruchs an bis zur äußersten Synthesis, oder den verwickeltesten Lehrsätzen der reinen Mathematik ohne Ausnahme

nahme aus empirischen Gründen; und behaupten ihr Recht zur Allgemeinheit auch gegen Cartesische Zweifel (§. 10.) vor dem Richterstuhl der gesunden Vernunft ohne Mühe.

2) Und sie, diese Erstgeborne des Verstandes und der innern Empfindung, müssen auch ihre Nachgebornen in Schutz nehmen, die Abkömmlinge der äußern Wahrnehmungen und des ordnenden Verstandes; ob sie gleich auf ihre Erstigeburt und ihre nähere Verbindung mit der Seele selbst immer einigen Vorzug, und höhern Rang im Gebiete der wissenschaftlichen Erkenntniß, für sich und ihre unvermischte Descendenz behaupten mögen. Denn so bald die Verehrer der erstern, der Wahrheiten die aus reiner Vernunft, oder bloßer innerer Anschauung erhellen, der Erkenntniß, die auf äußern Anschauungen beruht, den Krieg ankündigen, und sie nicht zur Würde einer menschlichen Wissenschaft und Philosophie gelangen lassen wollen, darum, weil diesen

Allge-

Allgemeinheit und Nothwendigkeit nicht, was sie nennen, strenge bewiesen werden kann: so fordern wir sie auf, uns einen solchen strengen Beweis der Allgemeinheit und Nothwendigkeit irgend eines menschlichen Urtheils zu geben; und wollen sehen ob sie gegen den Zweifel des Cartesius, oder unsere vorhergehende Bemerkungen damit aufkommen können.

Leichter und geschwinder gelangen wir freylich zu jenen allgemeinen Grundsätzen, die sich bloß auf das Verhältniß unserer Vorstellungen unter einander beziehen, und zur Versicherung ihrer Gültigkeit; nicht nur, weil wir den Grund dazu in uns haben, und also die Wahrnehmung so oft wir wollen erneuern können; sondern auch weil dieser Grund einfacher und unveränderlicher ist, als der Grund der Allgemeinsätze von der äußern Natur. Denn hier kann, wenigstens die Sache überhaupt genommen, der Zweifel sich damit rechtfertigen, daß schon von so manchen, wegen der Uebereinstimmung aller bisherigen Erfahrungen, für allgemein gehaltenen Natureinrichtungen in der Folge sich das Gegentheil gezeigt hat. Genug aber, daß die Erweiterung zur Allgemeinheit bey beiden Gattungen der Urtheile aus einem und demselben Grundgesetze des Verstandes entspringt; Nach Gründen zu urtheilen. Mag immerhin die Beobachtung dieses Gesetzes in dem einen Falle mehr Vorsicht erfordern und mehr Mühe machen, als in dem andern. Die Uebereinstimmung mit diesem Gesetze muß doch in jedem Fall gelten, wenn sie in dem einen gelten soll.

2) Wenn denn nun aber das menschliche Urtheil von einzelnen Bemerkungen zur Allgemeinheit sich erheben darf, so bald der Uebereinstimmung vieler solcher Bemerkungen kein Grund das Gegentheil irgend für möglich zu halten entgegen ist: so läßt sich auch die Ausdehnung der Caussalitätsurtheile auf die Verhältnisse der Gegenstände äußerer Wahrnehmung leicht begreifen und rechtfertigen.

Wenn

Wenn ich die Sonne den Stein bescheinen sah, und darauf den beschienenen Stein warm fühlte; vorher ihn kalt fand, und einige Zeit nach Sonnen Untergang wieder kalt; wenn ich dieses warm und kalt werden das zweyte, dritte, vierte, bis zum zehnten oder vierzigsten male beobachte; wenn ich dieselbe Bemerkung nicht bloß an diesem einen Stein, sondern zugleich an so vielen andern der Sonne ausgesetzten Gegenständen, und an meinem eignen Körper mache — Es wäre schon genug zur Conclusion, aber weiter — wenn ich die Aehnlichkeit der Sonne mit anderm Feuer, dessen erwärmende, erhitzende und entzündende Kraft mich die Natur bereits sattsam gelehrt hat, aus mehrern Beobachtungen abnehme; also alle meine Erkenntnisse vom Warmmachen mit dem Gedanken übereinstimmen, daß die Sonne den Stein warm mache — Welcher Dämon des Zweifels müßte sich meiner Natur bemächtigen, wenn ich nicht völlig entschlossen seyn sollte zum Urtheil, daß die Sonne die Ursache des Warmwerdens sey? Und wie will es die reine Vernunft, oder ein drey-fach Humischer Scharfsinn es anfangen, um einen vernünftigen Zweifel gegen dieß Urtheil zu Stande zu bringen?

Und so sind alle unsere zur Würde der Naturgesetze mit Recht erhobenen Allgemein-sätze und Caussalitäts-Urtheile auf einstimmige Erfahrung und das Verstandes-Gesetz, nach Gründen, nicht ohne und gegen sie zu urtheilen, gestützt, und gegen alle dogmatische und skeptische Wortphilosophie hienieden gesichert. Was dereinst dort oben davon zu halten seyn wird, hoffen wir, sollen unsere dermaligen Dogmatiker, Skeptiker und Kritiker sich bescheiden, auch nicht zu wissen. Was sie bis jetzt dagegen einwenden, kann nicht lange beunruhigen.

Nicht Vernunft soll es seyn, nach Hume, sondern nur eine Gewohnheit der Imagination, die uns das beständige für nothwendig anzusehen bestimmt. Nicht Vernunft? Und warum denn nicht? Weil diese kein

Caussal-

Caussalverhältniß *a priori* einsieht? Dieß Einsehen a priori halten freylich einige unserer Dogmatiker für wesentlich zum Begriff von Ursache. Und es läßt sich etwas der Art in einigen Fällen behaupten. Aber, nach genauen Begriffen, ist alle Kenntniß der äußern Natur aus bloßen inneren Vorstellungen, oder sogenannter reiner Vernunft, eine unstatthafte Anmaßung. Nemlich es gibt Fälle, wo aus der Vorstellung eines Dinges die Vorstellung einer Wirkung dieses Dinges entstehen kann, wegen der Aenlichkeit der beyden Vorstellungen, noch vor der wirklichen Beobachtung dieser Wirkung. So wird z. B. die Form des Eindrucks, den eine herabfallende Kugel in weiche Erde macht, sich freylich leichter aus der Vorstellung von der Kugel ergeben und vorhersehen lassen; als es sich dem Magnet ansehen ließ, daß er Eisen anziehe, oder der asa foetida, daß sie ein Krampflinderndes Mittel sey. Aber auch in den Fällen, wo aus der Natur der Sache, oder den bloßen Vorstellungen Caussalverhältnisse abgenommen werden, ist doch im Grunde die Erkenntniß nie ganz a priori, sondern zum Theil empirisch, auf vorhergehende Erfahrungen gegründet. Wenn es denn nun aber überall keine Naturkenntniß unabhängig von Erfahrung gibt: so folgt eben daraus, daß auch keine Naturkenntniß darum angefochten werden dürfe, weil sie auf Erfahrung beruht. Wenn Erfahrung der erste Grund aller unserer fein ausgesponnenen, ob gleich aus Eitelkeit ihren Ursprung oft verhehlenden Systeme, und der letzte Grund aller unserer Räsonnements von der Natur der Dinge ist: so muß vielmehr dasjenige für das gesicherste gehalten werden, was die Erfahrung am unmittelbarsten verbürgt, ohne dazwischen kommende so oft abirrende Abstractionen und Schlüsse. — Wenn nur Erfahrung völlig dafür ist!

Gewohnheit der Imagination sey der Grund unserer Caussalitäts-Urtheile! Was heißt denn dieß? Es gibt allerley Gewohnheiten, gute und böse, natürliche und unnatürliche,

liche, vernünftige und unvernünftige. Also nur nicht vor dem Wort erschrocken! Freylich gewöhnt sich die Imagination zu einer gewissen Ideenverbindung, wenn in der Folge der Naturbegebenheiten beständig dieselbe Verbindung sich zeigt. Aber die Vernunft kann dieser Gewohnheit sich nicht widersetzen, sondern muß sie vielmehr gut heißen und selbst befolgen, wenn sie findet, daß diese Ideenverbindung die beste und unentbehrlichste Regel zur Bestimmung unserer Erwartungen und Entschließungen enthalte. Und der alte Skeptiker weicht, zu Folge dieser Ideenadsociation, dem gegen ihn anrennenden Wagen eben so gewiß aus, als das gebrannte Kind Feuer scheut.

Erkennen wir also vielmehr eine wohlthätige und — wenn es die transcendentale Philosophie nicht übel nimmt — weise Einrichtung unserer Natur in jener so allgemeinen Disposition der Imagination, die uns unter ähnlichen Umständen ähnliche Erfolge vorhersehen macht; als daß wir menschliche Erkenntniß verachten, weil sie nichts anders als Erfahrung zum Grunde hat, und auch bey ihrer vollkommensten Ausbildung die mechanische Hülfe der Imagination nicht entbehren kann.

§. 33.

Ueber die Grundgesetze des menschlichen Verstandes.

Alle unsere Allgemeinsätze also von der Natur und so insbesondere die Caussalitätssätze sind nichts anders, als ausgedehnte Erfahrung *); und sind unverwerfliche, bestmögliche menschliche Erkenntniß, wenn die Ausdehnung nicht ohne hinreichenden Grund, sondern vielmehr

*) Es gibt zwar Allgemeinsätze, die nicht nach Schlußregeln erweiterte, sondern ganz lautere Erfahrung sind, auf eine vollständige Induction gegründet; wenn nemlich das Subject des Satzes eine Menge von begränztem, uns ganz übersehbaren Umfange ist, z. E. alle jetzige Häuser einer Stadt, alle Soldaten eines Regiments, alle bis jetzt entdeckte Planeten unseres Sonnensystems. Aber man sieht leicht ein, daß von dergleichen Sätzen die Rede im Text nicht war, und nicht seyn konnte.

mehr den Grundregeln des menschlichen Verstandes gemäß erfolgt.

Diese Grundgesetze des menschlichen Verstandes müssen hier nothwendig ins Licht gesetzt werden; so wohl um des Vorhergehenden, als um des Nachfolgenden willen. Ich verstehe aber hierunter die gemein anerkannten Grundsätze des Widerspruchs und des Zureichenden Grundes; nur nicht völlig im gemeinsten Sinn derselben.

Wie es nemlich ein unzweifelhaftes Gesetz unseres Verstandes, und eine absolute Nothwendigkeit für ihn ist, den offenbaren Widerspruch zu verwerfen, weil sich das Widersprechende schlechterdings nicht denken lässet: so macht ein zweytes Gesetz unseres Verstandes es nothwendig, sich bey seinen Urtheilen nach Gründen zu bestimmen und zu richten. Wir können nicht ohne Grund, oder wider den Grund, ein Urtheil fällen. Vom Nachsprechen ist nicht die Rede; sondern vom wirklichen Urtheilen. Und da läßt sich bald einsehen, daß dieses zweyte

Gesetz eine Folge aus jenem ersten ist. Denn da das Urtheil in nichts anderm besteht, als in der Bemerkung des Verhältnisses gegen einander gehaltener Vorstellungen: so muß es nothwendig nach der Beschaffenheit dieser Vorstellungen, so wie sie jetzt subjectivisch in uns sind, und wahrgenommen werden, sich richten. Oder wir würden dasselbe Verhältniß derselben Vorstellungen zugleich bemerken und nicht bemerken müssen; welches ein Widerspruch in unserer Erkenntniß wäre.

Diese beiden Gesetze des Denkens, ob sie gleich den Irrthum nicht absolut unmöglich machen, enthalten doch die letzten Gründe und Regeln zur Erkenntniß der Wahrheit. Wir können nemlich Sätze, in denen ein Widerspruch liegt, zwar wohl an und aufnehmen; aber wir sind doch genöthigt, sie aufzugeben und auszustoßen, so bald der Widerspruch sich offenbaret. Eben so können wir freylich Urtheile fällen, die in der Sache selbst keinen Grund haben; aber sie müssen doch in unsern Vor-

stellungen

stellungen Grund haben; Scheingrund also wenigstens. So bald sich aber das Unzulängliche des Grundes offenbaret, der eingebildete Schein verschwindet: so sind wir auch genöthiget, das Urtheil aufzugeben, oder umzuändern.

Aus diesen Grundgesetzen des Verstandes entspringen daher die beiden Grundregeln des rechten Gebrauches unseres Verstandes.

1) Uns vorzusehen, daß wir nicht Meinungen annehmen, die einen Widerspruch enthalten.

2) Die Gründe unserer Urtheile zu prüfen ob sie fest und zureichend sind, ob sie auf unvertilgbaren Naturvorstellungen, oder auf einem vergänglichen, vielleicht selbst veranlaßten Schein beruhen. Und dieß gilt natürlicher Weise von den verneinenden Urtheilen so wohl, als von den bejahenden; von den zweifelnden, wie von den entscheidenden, von den einschränkenden, wie von den ausdehnenden.

Richte dich in deinem Denken und Urtheilen nach dem Festgegründeten Unveränderlichen, deiner innern und äußern Wahrnehmungen

kann

kann daher, als die alles in sich fassende Grundregel des rechten Gebrauches des Menschenverstandes angesehen werden.

Und muß dafür gelten, nach jedwedem statthaften und je für gültig erkannten Begriff vom Rechtverhalten überhaupt. Sey Grundbegriff oder Grundsatz des Rechtverhaltens, daß es ein der Natur gemäßes, d. h. ein dem Unveränderlichen der Natur das Veränderliche und Willkürliche gemäß bestimmendes Verhalten sey. Oder dasjenige, wodurch wir unsere und anderer mit uns verbundener Wesen Wohlfart bestmöglichst befördern. Immer werden jene Grundregeln des rechten Gebrauches unseres Verstandes, zufolge dieser allgemeinen Begriffe, anerkannt werden müssen.

Auch die Grundbegriffe von Wahrheit führen dahin, oder beruhen vielmehr darauf. Denn wenn einer dieser Begriffe die Wahrheit durch die **vollständige Uebereinstimmung** oder **Gedenkbarkeit** erklärt, das Widersprechende aber, was sich nicht denken lässet, für

falsch,

falsch, und wiederum für wahr, wovon das Gegentheil sich nicht denken läßt, oder widersprechend ist: so ist klar, daß auf dem ersten der vorher bemerkten Denkgesetze diese Begriffe beruhen. Aber leicht wird man auch gewahr, wenn man darauf acht gibt, daß dieser höchste Begriff von der Wahrheit bey weitem nicht so oft von uns gebraucht wird, und in seiner ganzen Strenge auch nicht von uns gebraucht werden kann; als ein anderer. Derjenige nemlich, welcher für wahr erklärt, was einen hinreichenden Grund hat; daß heißt einen Grund, bey welchem zweifelhaft und unentschlossen zu bleiben, unsern wesentlichsten Bedürfnissen und natürlichsten Strebungen entgegen seyn würde; was also nicht das einzige ist, was sich vorstellen läßt, wovon nicht jedes Gegentheil unserer Einsicht nach widersprechend ist; dessen Gegentheil wir aber doch zu fürchten oder zu vermuthen, keinen vernünftigen Grund haben. Dieser auf die zweyte Grundregel des rechten Gebrauches unseres Verstandes sich gründende Begriff von der Wahr-

heit

heit wird gar bald sichtbar; nicht nur in den Wahres und Falsches unterscheidenden Urtheilen des gemeinen Lebens; sondern auch bey den überlegtesten, gewissenhaftesten Entschließungen der Menschen, bey der Unterscheidung der Freunde und Feinde, der Schuldigen und Unschuldigen. Ja auch in unsern gelehrten Kenntnissen halten wir uns für glücklich genug, wenn wir mittelst getreuer Befolgung dieses zweyten Begriffes Wahres und Falsches unterscheiden können. Und wo wir auch aller nächst auf jenen erstern uns berufen: so zeigt sich doch, je tiefer und genauer man nachforscht, desto mehr, daß Voraussetzungen zu Grunde liegen, die sich nur durch den andern Begriff von der Wahrheit rechtfertigen können. (§. 9. 10.)

Es ist aber gewiß von großem Nutzen diese Nachforschungen anzustellen; um sich nicht, aus leeren Einbildungen, Erwartungen und Anmassungen entstehen zu lassen, die in unserer Natur nicht Grund haben, und um

deren

deren willen zu verachten, was die Natur uns angewiesen hat.

Und so hat es mir eben auch bey meinen fortgesetzten philosophischen Untersuchungen nun lange schon nützlich geschienen, bey der Begründung der Regeln des Denkens von dem allgemeinern Begriff vom rechten Gebrauch unserer Kräfte oder dem Rechtverhalten überhaupt auszugehen. So schließt sich nicht nur die Logik an die übrige praktische Weisheit, wie es seyn muß, unmittelbar an. Sondern dieser gemeinschaftliche Grundbegriff ist auch gut zum orientiren, hilft zu rechte, wenn man in Gefahr ist durch unnatürliche Strebungen, Fragen und Wortwebereyen von der Bestimmung des Menschen abzuirren. Für mich wenigstens ist es immer wohlthätig gewesen, unter den künstlichen Verwirrungen des Spinozismus und Idealismus an diese Grundregeln mich zu erinnern.

Das Hauptresultat der bisherigen Bemerkungen ist also dieß. Richtig oder vernünftig

denken

denken heißt nichts anders, als der menschlichen Natur so gemäß als möglich denken, bey seinen Urtheilen sich bestimmen nach den besten Gründen, den feststehenden Theilen der menschlichen Erkenntniß, den unzweifelhaftesten Wahrnehmungen und Erfahrungen.

§. 34.

Ob es recht sey die Caussalitätsurtheile über die Erfahrung auszudehnen? Anzeige einiger Hauptsätze, auf die es hiebey ankömmt.

Und nun wollen wir denn sehen, wie es möglich, und ob es recht seyn könne, den Gebrauch dieses in seinem Ursprung so ganz empirischen Begriffes von Caussalität über die Grenzen der Sinnlichkeit und aller unserer Erfahrung auszudehnen. Kant gibt Humen zu, daß der Gebrauch dieses Begriffes bloß immanent, oder auf Gegenstände einer möglichen Erfahrung (Anschauung) eingeschränkt seyn müsse; ob er wohl ihn höhern Ursprungs glaubt. Ich räume ein, daß alle unsere Erkenntniß von Caussalität, mit sammt dem Grundbegriff auf Erfahrung sich gründe; und behaupte, daß unser Verstand uns dennoch, zufolge dieser Erkenntniß, zu Schlüssen berechtige, wodurch wir von der Existenz solcher Ursachen gewiß werden, von denen wir nie eine unmittelbare Erfahrung, nie Anschauung gehabt haben, oder deswegen zu erwarten brauchen.

Es wird alles dabey auf drey Fragen ankommen:

1) Ob es den Gesetzen des menschlichen Verstandes gemäß ist, bey der Uebereinstimmung aller unserer aufgeklärten Erfahrungen in der Bemerkung, daß nichts ohne Ursache geschehe, alles von Gründen und Bedingungen abhängig erfolge, diese Bemerkung für eine allgemeine Wahrheit zu halten?

2) Ob es eben so vernünftig ist, wenn unter den Dingen, die uns unmittelbar bekannt oder anschaulich werden, nichts sich findet, was

wir für die Ursache gewisser Erscheinungen, den Gründen unserer Erkenntniß gemäß halten können, eine oder mehrere außerhalb unserer Anschauung sich befindende Ursachen dieser Erscheinungen anzunehmen?

3) Ob wir recht daran thun, wenn wir die Kräfte nach den uns erkennbaren Wirkungen benennen; und also bey ähnlichen Wirkungen ähnliche Ursachen uns denken?

§. 35.

Daß nichts ohne Ursache geschehe.

Der Grundsatz, daß nichts ohne Ursache geschehe, ist von den alten Philosophen — den **Epikur**, und vielleicht diesen nicht einmal, ausgenommen — so gut als von den neuern für eine ausgemachte Wahrheit, und für eine Hauptregel alles vernünftigen Denkens und Handelns angesehen worden. Und welcher vernünftige Mensch außer der Schule hat wohl noch daran gezweifelt? In den neuern Zeiten hat man vergebliche Versuche gemacht,

aus

aus dem Satz vom Widerspruch ihn abzuleiten; und hätte dadurch, wenn es möglich gewesen wäre, beynahe seine Wahrheit zweifelhaft gemacht. Ueber den Umfang seiner Anwendbarkeit aber hat man von jeher gestritten; doch so, daß diejenigen, die ihn in Ansehung der Willensveränderungen einschränken wollten, insgemein nicht behaupteten, daß etwas ohne alle Ursache geschehe, oder daß eine Veränderung ohne eine wirkende Kraft erfolge; sondern vielmehr nur dieß, daß geistige Kräfte nicht so wie Körperkräfte von außen her zu ihren Wirkungen bestimmt würden, sondern, selbstthätig, Actionen anfangen könnten.

Alle stimmten darin überein, daß die Gültigkeit dieses Grundsatzes weiter sich erstrecke, als unsere Erfahrung, daß es Ursachen geben müsse, die wir nicht entdecken und uns anschaulich machen können.

Und warum nun dieses? Weil das mit Gewißheit erkannte der Grund unseres Denkens

 ist;

ist; weil wir uns, nach allen unsern Erfahrungen, am besten dabey befinden, wenn wir diesem Grunde, dem gewiß erkannten, gemäß unsere Vorstellungen aufklären und erweitern, und unsere Vermuthungen darnach einrichten. Oder der rechte Gebrauch des Menschenverstandes müßte darin bestehen, auf die Empfindung des Gegenwärtigen sich einzuschränken, und der Imagination, die doch nie aufhören wird Ideen zu erwecken und mit einander zu verbinden, freyes Spiel nach mechanischen Reizen zu lassen.

Nehmt aus der menschlichen Erkenntniß Schluß, Vermuthung nach der Analogie weg. Und — seht, was euch übrig bleibt. Nicht der Satz vom Widerspruch, so fern er eine allgemeine Aussage ist (§. 9.). Eben so wenig, oder noch weniger, irgend eines der auf die äußere Natur sich beziehenden Gesetze. Man kann in allen Wissenschaften Theorie der Erfahrung entgegen setzen, mit gutem Grunde im gehörigen Sinn der Worte. Aber man sage mir einen einzigen Grundsatz der allgemeinen

meinen oder besondern Naturlehre, der sich unabhängig von Erfahrung beweisen liesse; und als Allgemeinsatz auf etwas mehrerem als einer unvollständigen Induction, folglich zum Theil auf der Vermuthung nach der Analogie des Gewissen, d. h. hier der Erfahrung beruhte! Nur ein einziges Naturgesetz, das eine Ausnahme hievon machte! Man übereile sich nur nicht, wenn man etwa nach Beyspielen sich umsieht, und halte für einen letzten Grund; was nur ein nächster Grund ist, der wieder einen andern erfordert. Man kann aus dem Begriffe vom Körper, vom Gold, vom Menschen, allerley Allgemeinsätze folgern. Aber nun ist die Frage, worauf sich der Begriff gründet? d. h. woher wir wissen, daß die Grundbestandtheile desselben (Essentialia constitutiua) die Eigenschaften a + b + c :c. überall so beysammen seyn müssen? So oft wir dieß Beysammenseyn nicht anders als mittelst der Erfahrung beweisen können: so sind alle Folgerungen aus den Begriffen mittelbare Folgerungen aus der Erfahrung.

Dieser Blick in die letzten Gründe unserer Erkenntniß und unserer Wissenschaften, so empörend er auch für einige seyn muß, die ihn noch nie gethan haben, ist, nach meiner Ueberzeugung, das heilsamste und glücklichste, was einem Philosophen bey seinen speculativen Bemühungen widerfahren kann. Es bewahrt ihn vor den gefährlichsten Abirrungen, die aus Vertrauen auf Erkenntnißgründe, die wir nicht haben, und aus Verachtung derjenigen die uns die Natur angewiesen hat, entstehen; und setzt ihn in den rechten Standpunkt für alle seine weitern Untersuchungen.

Hat aber dieses seine Richtigkeit; ist Vermuthung nach der Analogie des mit Gewißheit erkannten, durch die Erfahrung ausgemachten, wesentlicher Trieb und unumstößliches Grundgesetz des menschlichen Verstandes: so ist der Hauptsatz von der Caussalität, daß nichts ohne Ursache geschehe, vor der Vernunft aufs völligste gerechtfertiget. Denn er hat für sich die Uebereinstimmung aller ausgemachgemachten Erfahrung, das Gewisseste und Aufgeklärteste der Erkenntnisse aller Art. Und des Ausgemachten wider sich nichts. Das Gegentheil, oder eine Ausnahme wider ihn annehmen wollen, hieße also der Vernunft Abschied geben. Denn wenn wir ohne allen Grund, und gegen alles sonst Gewisse und Gegründete etwas annehmen dürfen, bloß weil es keinen offenbaren Widerspruch in sich faßt: was ließe sich da nicht annehmen; aber was wäre dann noch Vernunft?

§. 36.

Alles Zufällige hat einen Grund.

Dieser Grundsatz ist eine neue Erweiterung des Vorhergehenden, denn er bezieht sich auf Gegenstände, von denen wir nicht einmal die Erfahrung haben, daß sie geworden, einmal nicht gewesen sind. Es würde vergebens seyn, ihn aus den Begriffen beweisen zu wollen. Denn wenn man auch die Nominalerklärung des Zufälligen so einrichtete, daß Abhängigkeit eine Bestimmung desselben würde: so hätte man denn in der Anwendung, bey der Behauptung der Zufälligkeit, diese Abhängigkeit auch gleich mit zu beweisen. Und so wäre nichts gewonnen. Analogie der Erfahrung ist es, was uns in allen Fällen zum Urtheil, daß etwas zufällig sey, bestimmt; und eben damit auch zur Anerkennung seiner Abhängigkeit von irgend einem Grunde außer ihm. Alles dasjenige nemlich, was wir in allen seinen uns erkennbaren Eigenschaften mit denjenigen andern Dingen ähnlich und einartig finden, von denen wir aus Erfahrung gewiß wissen, daß sie seyn und nicht seyn, so und anders seyn können, und bald das eine bald das andere sind, immer zufolge gewisser auf sie wirkender Ursachen und bestimmender Gründe: alles das halten wir auch für zufällig und abhängig. Und müssen es dafür halten: oder wir urtheilen ohne Grund und wider die Gründe unserer Erkenntniß. Dieß ist der Grund, weswegen wir alle Formen der Materie für zufällig und abhängig halten. So weit unsere aufgeklärteste Erkenntniß reicht,

sind

sind sie es alle; sind alle Arten von Körpern der verschiedensten Veränderungen in Absicht auf Trennung und Verbindung der Theile fähig. Nicht eine Erfahrung zum hinreichenden Beweise des Gegentheils ist da. Jeder Mensch von gesundem Verstande befolgt auch diesen Grundsatz im gemeinen Leben; hält den Stein für beweglich, den er noch nie auf einer andern als seiner jetzigen Stelle gesehen hat; und eine Maschine für zerstörbar und für hervorgebracht, wenn sie auch von einer Art wäre, wie er noch nie eine hat verfertigen oder zerstören sehen.

Dieser Grundsatz kann, nach seinen Begriffen, unabhängig von dem Begriff der Zeit bestehen; welches beym ersten Grundsatz der Caussalität nicht angeht. Denn wo wir uns ein Werden denken wollen, da müssen wir uns eine Zeitfolge denken. Aber abhängig seyn, gegründet seyn in einem andern; dieß läßt sich denken, ohne daß die Vorstellung von Zeitfolge dazu nöthig ist. Es heißt so viel als Eigenschaften haben, die wir nach den Gründen unserer Erkenntniß wohl bey dem andern für möglich halten können, aber nicht ohne das andere; der Kraft dieses andern untergeordnet seyn, und dadurch seine davon abhängigen Eigenschaften verlieren, und andere an deren Stelle bekommen können. Wenn wir aber Zufälligkeit oder Abhängigkeit nie anders erfahren haben, als bey einem Werden, also einer Zeitfolge, und diese Erfahrung den ganzen Grund ausmacht von allen unsern Urtheilen, durch die wir jene Prädicate anwenden: wie kann es recht seyn, sie getrennt von der Bestimmung der Zeitfolge anzuwenden? Ohne besondern Grund kann es nicht recht seyn. Vielleicht aber findet sich dieser an den Grenzen unserer Erkenntniß; im Fall, wo diese Absonderung des Begriffs der Zeit von dem Begriff der Caussalität das Wenigste wäre, was wir abweichend von der Art und den Gründen unserer Erkenntniß in diesem Stücke, für statthaft außer derselben annehmen könnten. Hier ist es genug, zu bemerken, daß es ohne Widerspruch der Begriffe geschehen kann.

§. 37.

§. 37.

Wir müssen die Kräfte nach den Wirkungen und deren Analogie benennen.

Und alles dieses zusammen führt denn nothwendig weiter zur Anerkennung von Ursachen, oder wenn man lieber will, zum Glauben an Ursachen, dergleichen uns nie zu Gesicht gekommen, oder irgend unmittelbar von uns empfunden worden sind. Denn entweder müssen wir vielerley noch immer vorgehende Veränderungen und Einrichtungen, die die Analogie uns befiehlt für zufällig und abhängig zu halten, für unabhängige, absolute Nothwendigkeiten halten: oder wir müssen Ursachen annehmen, die nicht zu unserer Erfahrung gelangen. Solcher nicht unmittelbar bekannter, und nach der Analogie der bekannten nicht genau vorstellbarer oder begreiflicher Gründe und Kräfte muß die Naturlehre nicht eine nur, oder etliche wenige, sondern viele annehmen; bey der Reizbarkeit, Empfindlichkeit, der Schwere, und andern gemeinen Erscheinungen

nungen in der Natur. Und können wir denn einen einzigen der uns am genausten bekannten Gründe der Natur für einen absolut letzten Grund halten?

Also ist es außer Zweifel, daß unsere Vernunft genöthigt ist Ursachen anzuerkennen, die unsern Sinnen nie vorgekommen sind. Aber müssen sie nicht doch, wenn sie für uns wirklich seyn sollen, von einer Art seyn, oder Eigenschaften haben, daß sie irgend noch einst zu unserer Anschauung gelangen oder in der Form unserer Erkenntniß erkannt werden können? So wie wir etwa die Ursache, die macht, daß der Magnet Eisen anzieht, sehen oder auf eine andere Art empfinden würden, wenn wir nur um einige Grade feinere oder schärfere Sinne hätten. Ich sehe nicht, womit dieses bewiesen werden könnte. Was freylich auf keine Weise auf uns wirken könnte, auch nicht mittelbar; das wäre für uns so gut als nicht vorhanden. Aber daß nichts mittelbarer Weise auf uns wirken könne,

was

was nicht auch Gegenstand unmittelbarer Wahrnehmung seyn kann: wie folgte dieß?

Aber wenn wir doch keine andere Vorstellungen von Dingen und Eigenschaften haben, als solche die auf Empfindungen des äußern oder innern Sinnes sich beziehen, wie sollen wir denn fähig seyn, uns einen Begriff zu machen von andern Wesen, als solchen, deren Eigenschaften mit Hülfe unserer Empfindungen sich erkennen lassen? Adäquate, genau angepaßte Begriffe von ihrer Natur uns zu machen, kann uns freylich nicht möglich seyn. Aber wenn wir doch gewisse Wirkungen von ihnen erkennen: so benennen wir sie nach diesen ihren Wirkungen. Und diese Art von Benennung und Vorstellung darf um so weniger von uns ganz verworfen oder verachtet werden: da unsere vollkommenste Erkenntniß von den Dingen doch immer weiter nichts ist, als Erkenntniß ihrer Beziehungen und Wirkungen auf uns. Was wissen wir sonst vom Licht, und von der Luft und vom Wasser;

Wasser; als was für Wirkungen sie entweder allein und unmittelbar auf unsere Sinne hervorbringen, oder in Verbindung mit andern Dingen, und mittelbarer Weise?

Freylich macht es einen Unterschied, ob wir dieser Beziehungen auf uns viele oder wenige von einer Sache erkennen. Und einen Unterschied ob unmittelbar oder nur mittelbar. Denn nicht zu gedenken, daß wenn eine Sache uns unmittelbar bekannt ist, wir sie etwa in unsere Gewalt bringen, und manchfaltige Beobachtungen und Versuche über sie anstellen können: so ist bekannt genug, wie in dem Falle, wo wir nur durch entfernte, mittelbare Wirkungen zur Erkenntniß einer Sache gelangen, unsere Vorstellung von derselben leicht dadurch verfälscht werden kann, daß wir auch dasjenige in der Wirkung ihr zuschreiben, was nur von den Mittelursachen, durch die sie wirkte, herkam. Wir wissen es aus der Erfahrung, daß Gutes und Böses, Schönes und Häßliches in entfernten Wirkungen

kungen vorkommen kann, wovon in den Dispositionen, Planen und Absichten des ersten Urhebers aller aus einander erfolgten Thätigkeiten nichts war. Und noch grösser kann der Irrthum werden, wenn wir bey einiger Aehnlichkeit der Wirkungen einer uns unbekannten Ursache mit den Wirkungen uns bekannter Ursachen, gleich auf eine völlige Aehnlichkeit und Einartigkeit der Ursachen schliessen. Dieser Irrthum hat schon längst die Regel veranlaßt: Vnius rei plures possunt esse caussae. Sie können von ganz entgegengesetzter Art seyn. Wer weiß z. B. nicht, daß regelmäßige Wirkungen allernächst eben so wohl durch eine leblose Maschine als durch eine verständige Ursache hervorgebracht werden können.

Bey allem dem ist es uns unmöglich die Kräfte anders zu benennen als von den Wirkungen, durch die sie sich uns zu erkennen geben. Und so gewiß es ist, daß Ursachen im Ganzen (in sensu diuiso) sehr verschieden seyn, und gewisse Wirkungen die eine so gut

als

als die andere, für uns wenigstens, hervorbringen: so liegt es doch auch in den Begriffen, daß in so weit als einerley oder ähnliche Wirkungen da sind, auch einerley oder ähnliche Kräfte und Ursachen (in sensu composito) da seyn müssen. Eine regelmäßige Kraft muß es seyn, woraus regelmäßige Wirkungen entstehen; wie eine bewegende Kraft, was Bewegung hervorbringt. So weit ist kein Irrthum möglich. Wo es aber darauf ankömmt, die Einflüsse der Mittelursachen erst abzurechnen, ehe wir uns eine Vorstellung von der entfernten Ursache nach der vorliegenden Wirkung machen können; oder wenn wir uns bey dieser Vorstellung nicht auf die vorliegende Wirkung einschränken, sondern die Ursache uns noch bestimmter vorstellen wollen, nach der Aehnlichkeit einer andern uns genauer bekannten Ursache von ähnlichen Wirkungen: da ist freylich Irrthum auf vielerley Weise möglich; und um so mehr zu erwarten, je unvollständiger die Einsicht in die zu vergleichenden Wirkungen auf der einen,

und

und je größer die Bestimmungssucht auf der andern Seite ist.

§. 38.

Werth der analogischen Erweiterung unserer Caussalitäts-Erkenntniß.

Erkenntnißgründe ganz verwerfen, weil Irrthum dabey möglich ist, dürfen wir nun einmal nicht. Unser Denken würde sonst bald ein Ende haben, und zu Entschliessungen würde es nicht mehr kommen können. Wir würden keine Speise mehr zu uns nehmen dürfen, weil sie doch Gift enthalten könnte; keinem Freunde uns mehr in die Arme werfen, keinen Menschen mehr auf noch so viele Anzeigen, Zeugnisse und eigenes Geständniß als Missethäter bestrafen dürfen. Denn geometrische oder irgend anschauliche Gewißheit ist in keinem dieser Fälle in unserer Erkenntniß der Wahrheit; offenbare Unmöglichkeit des Gegentheils von dem, was wir annehmen, in keinem. Ueberall nur Vertrauen auf die Analogie der bisherigen Erfahrungen. Und dieß Vertrauen ist vernünftig in dem Grade, wie wir eines Theils Gründe und Gegengründe unserer Urtheile genau erwogen und erstere überwiegend gefunden, andern Theils aber Antriebe uns zu bestimmen und zu entschließen in unsern wesentlichsten Strebungen und Bedürfnissen haben. (§. 33.)

Dazu ist die Vernunftlehre, daß sie uns rechten Gebrauch und Misbrauch menschlicher Denkarten und Erkenntnißquellen unterscheiden lehre. Und hauptsächlich dadurch muß sie in Absicht auf die allerwichtigsten Angelegenheiten unseres Verstandes dieses zu leisten suchen, daß sie Grade der Wahrscheinlichkeit gegen einander abwägen, und Analogien aus dem ganzen Umfange menschlicher Erkenntnisse aufsuchen und anwenden lehret. Wenn sie gleich durch alle ihre Hülfsmittel, Regeln und Wahrnungen es nie dahinbringen wird, daß der menschliche Verstand, bey der Befolgung der ihm vorliegenden Analogien, vor allen

Ueber-

Uebereilungen und ungegründeten Zusätzen zu der ihm gegebenen Erkenntniß sich bewahre: so ist es doch nun einmal nur in diesen Wegen der analogischen Vermuthung, daß er sich vervollkommnet, seine Einsichten erweitert, entdecket, erfindet.

Der Misbrauch, den Kinder, Wilde, und alle Arten unaufgeklärter oder schwärmerischer aus wenigen Analogien einer eingeschränkten Erfahrung unbehutsam fortschließender Menschen von dieser Denkart machen, darf uns eben so wenig davon abschrecken, oder eine mit unsern Bedürfnissen sich gar nicht reimende Geringschätzung uns einflößen; als freylich auch die glücklichen und großen Entdeckungen, die auf diesen Wegen gemacht worden sind, uns nicht unvorsichtig und leichtgläubig machen sollen. Wenn aber in der Vergleichung mit der mehr demonstrativen Wissenschaft von den Größen die empirisch analogische Naturlehre ein allzuverächtliches Ansehen bekommen wollte: so ist zu bedenken, daß die Größenlehre, um nützlich zu werden, sich dennoch an den empirischen Schein der letzten anschließen muß; und auch, daß diese, mittelst ihrer kühnsten analogischen Vermuthungen, den Entdeckungen der erstern bisweilen zuvorgekommen ist. Nichts anders im Grunde, als solche analogische Erweiterungen vieler Erfahrungen zu allgemeinen Naturgesetzen waren die Gründe, um welcher Willen K. Alphonsus es unnatürlich fand, daß, um Tages- und Jahres-Zeiten unserer Erde zu bewirken, die Sonne und das ganze Sternenheer um diesen kleinen Planeten herumgeschleudert werden sollte; und Neuton die Figur der Erde, noch ehe die Messungen dafür entschieden, richtig angab; und Leibnitz die Entdeckung von Thierpflanzen oder Pflanzenthieren vorhersagte.

Lasset uns demonstriren, wo Demonstration Statt findet, und wo diese nicht Statt findet, d. h. überall, wo wir mehr als unsere eigenen Vorstellungen zum Gegenstand haben, beobachten, Beobachtungen vergleichen, und der

voll-

vollständigsten Analogie gemäß vermuthen; wo wir aber nur Vermuthungen haben, nicht die Einbildung uns entstehen, als obs schon Gewißheit wäre; und also die Vermuthung insbesondere nie abhalten von der weitern Beobachtung der entweder schon vorhandenen oder der neuen von selbst oder durch unsere Versuche entstehenden Erfahrungen.

Den Nutzen und die Nothwendigkeit analogischer Schlüsse überhaupt zu leugnen; ist unserm Denker nie eingefallen. Selbst die Voraussetzung einer intelligiblen, alles nach den letzten Zwecken ordnenden Ursache, hält er bey den Bemühungen der Vernunft die Natur sich aufzuklären und die Erkenntnisse unter einen gemeinschaftlichen Vereinigungspunkt zu bringen, für nützlich und nothwendig. Als regulative Principien, wie er sich ausdrückt, läßt er diese und andere Ideen unseres Verstandes gern gelten. Nur constitutiv sollen sie nicht seyn, an und für sich keine reelle Erkenntniß ausmachen. Oder um es noch deutlicher zu machen;

 1) Alle

1) Alle unsere Verstandesbegriffe, so auch der von einer Ursache, haben, ohne wenn sie auf Gegenstände der Erfahrung angewendet werden, gar keinen Sinn, seyn leer an allem Objectiven. So leer müsse also auch die Idee von einer höchsten nicht selbst zur Natur gehörigen Ursache seyn. Und ihre Realität oder Existenz könne also durch nichts bewiesen werden. Denn wie will man die Existenz oder irgend etwas von einer Sache beweisen, von der man gar nichts weiß. „Wenn ich auch annehmen muß, sagt ein treuer Epitomator und Verehrer der Kantischen Philosophie, Eine jede Erfahrung setzt etwas voraus, welches der Erfahrung zum Grunde liegt: so habe ich doch dadurch von dem zum Grunde liegenden Object nicht den mindesten Begriff, und muß es eben deswegen als eine bloße Idee betrachten, die in meinem Verstande existirt, deren äußere Existenz ich aber durch gar nichts erweisen kann.„ Und an einem andern Orte „Gott gehört nicht zur Sinnen-Welt. Daher kann ich auch nicht sagen,

daß

daß er eine Größe habe, daß er eine Substanz, eine Ursache anderer Dinge, daß er möglich oder wirklich oder nothwendig sey. — Denn in Dingen, von denen wir gar nichts wissen, ist jede Behauptung, sie sey pro oder contra, gleich ungereimt *). Dergleichen Aeußerungen kommen in der Kritik selbst viele vor. Man sehe außer den oben (§. 26. Nr. 3) angeführten Stellen, nur noch S. 686 ff. 696 ff. Solche bloß zur Regulirung, Veranlassung und Einigung unserer Erfahrungskenntnisse brauchbare Ideen für constitutiv oder objectivisch reell zu halten, wird für bloße Täuschung erklärt; für eine Täuschung, die so natürlich sey, daß man sich ihrer kaum ganz entwehren, sie aber doch bemerken könne.

*) Wenn aber — fährt der oben angezogene Philosoph fort — wichtige und wesentliche Zwecke der Menschheit den Glauben an das Daseyn von dergleichen Wesen fordern: so hindert uns eben deswegen gar nichts sie anzunehmen und gewisse Verhältnisse und Beziehungen derselben auf die Sinnenwelt zum voraus zu setzen. S. Prüfung der Mendelssohnschen Morgenstunden S. 171. 156.

Aber sind hier nicht wieder die Ausdrücke für das Wahre, was diese Philosophie enthält, viel zu stark und zu hart? Heißt dieß gar nichts von einer Sache erkennen, sich gar keinen Begriff von ihr machen können; wenn man Wirkungen von ihr erkennt? Was blieben uns denn noch für objectiv reelle Begriffe; wenn sie solch einer Kritik unterworfen werden sollten? Heißt es keinen Grund haben zur Anerkennung der Wirklichkeit eines Wesens außer der Idee, wenn wir Wirkungen desselben anerkennen? Ist das pro und contra in Ansehung derselben beides gleich ungereimt; wenn unübersehlich viele Analogien die überwiegendsten Gründe angeben, die unsichtbare Ursache für mächtig, gütig und weise zu halten? Sagen diese Prädicate gar nichts *), darum,

*) Bey dem vorher angeführten Epitomator heißt es S. 293. „Wir können zwar Namenerklärungen von den Wörtern allweise, allgütig ꝛc. geben, aber die Begriffe selbst sind doch an Inhalt gänzlich leer, und werden nur um so viel ausgefüllt als unsere jedesmalige Erfahrung und eigene

darum, weil wir dieses höchstmächtige und weise Wesen uns nicht vollständig anschaulich machen, oder seine Wirkungsweise und Beziehungen nicht nach der unsrigen vollständig und genau bestimmt denken und erklären können?

Wenn es uns möglich seyn soll, wie es dieß denn ist, mit Nutzen, mit den seligsten und erhabensten Gefühlen, an solch ein Wesen zu glauben; muß es uns denn nicht möglich seyn unsere Vorstellungen auf dasselbe anzuwenden; und müssen diese Vorstellungen denn also nicht dennoch anwendbar seyn auf Gegenstände außer unserer Erfahrung und Anschauung? Wie soll das von uns ge-

eigene Verstandeskraft reicht. Da aber dieses für einen so unendlichen Umfang ohne alle Einschränkung, gar nicht zu rechnen ist ꝛc." Ich frage hier nur a) Kann ein Begriff mit Recht ganz leer an Inhalt heißen, der so ausgefüllt ist, als er es vermöge unserer jedesmaligen Erfahrung und Verstandeskraft seyn kann? b) Erkennen wir nichts von der Welt, wenn sie objectivisch unendlich seyn sollte? c) Ist unsere bestmöglichste Erkenntniß von uns zu verachten?

glaubt werden, was mit Hülfe unserer Begriffe gar nicht vorgestellt werden kann?

Warum Täuschung nennen, wovon wir denn doch das Gegentheil nicht beweisen können? Warum Täuschung nennen, was wir doch glauben sollen und wollen? Täuschung, was sich auf die wesentlichsten Gesetze unseres Verstandes gründet, durch deren Befolgung allein unsere Erkenntniß sich ordnen und erweitern und unser Wille sich veredeln kann? Warum Täuschung nennen die Annehmung der objectiven Realität einer Idee; wenn unser Verstand zureichenden sujectiven Grund hat, solche anzunehmen? Täuschung eine Vorstellungsart die bey aller ihrer Unvollkommenheit dennoch Wahrheit zum Grunde hat, die unleugbarsten und stärksten Analogien mit dem, was wir gewiß wissen? (§. 33.) Warum Täuschung nennen oder herabsetzen bis zum Werth einer Hypothese, die man nur brauchen könne, einer andern eben so wenig gegründeten sie entgegen

gen zu setzen — Erkenntnißgründe, die für den Verstand eines Sokrates, eines Zenon, eines Cicero, und so vieler anderu aufgeklärten Verehrer der natürlichen Religion genugthuend waren, und sie bestimmten eine Vorsehung zu glauben, nicht bloß weil es dem praktischen Interesse gemäß, sondern weil es der Wahrheit gemäß schien?

Oder sind alle diese harten Ausdrücke nur daher entstanden, weil die Schlüsse und Vorstellungen nach der Analogie nicht höchste Gewißheit, sondern nur Wahrscheinlichkeit, oder wenns hoch kömmt, moralische Gewißheit geben; und in der Methaphysik, als einer Wissenschaft der reinen Vernunft, Gewißheit, wie in der Geometrie, erwartet und gefordert werden kann? So scheint es fast. Denn, so sagt Kant, die Wirklichkeit solcher Ideen (z. E. eines höchsten Wesens) bloß wahrscheinlich machen wollen ist ein ungereimter Vorsatz. Ungereimt? Ferner, bey Speculationen der reinen Vernunft können

keine

keine Hypothesen Statt finden, um Sätze darauf zu gründen; sondern nur um sie andern Hypothesen entgegen zu setzen. (§. 26.)

Hätte Herr **Kant** nicht vielmehr sagen sollen, daß es ein ungereimter Vorsatz ist unsere Ideen und Erkenntnisse vom höchsten Wesen bis zu einer geometrisch demonstrirten Wissenschaft erheben zu wollen; als ungereimt den Vorsatz nennen, sie wahrscheinlich, vernunftmäßig, glaubwürdig zu machen, durch Bemerkung ihrer Uebereinstimmung mit dem Gewissen unserer Erkenntniß? Hätte er nicht lieber seinen Scharfsinn und seine nachdrückliche Sprache darauf verwenden sollen, auf der einen Seite gleichwohl, so scharf als es ihm beliebte, die Anmassung der eingebildeten Demonstrirer dessen, was sich nicht demonstriren lässet, anzugreifen; auf der andern Seite aber auch die ächten Gründe des vernünftigen Glaubens an Gott und seine Vorsehung in ihrer ganzen Stärke vorzutragen? Die Bewegung, die er dadurch veranlaßt

hätte,

hätte, würde vielleicht nicht so stark, das Anstaunen fürs erste nicht so groß, aber sein Verdienst gewiß nicht geringer gewesen seyn. Er hat auch wirklich an andern Orten, sonderlich in den Prolegomenis, auf eine Weise sich erklärt, daß, wenn nicht andere Stellen in seinen Schriften zu stark damit contrastirten, kein durchblickender Philosoph an ihm sich hätte ärgern können; ich wenigstens kaum noch einige Milderung des Tons und der Ausdrücke hie und da zu wünschen gehabt haben würde. Und es läßt sich hoffen, daß der einsichtsvolle Mann, wenn er ferner durch Schriften lehrreich seyn will, die minder polemische, gemeinpassendere Art über diese wichtigen Gegenstände sich zu erklären, vorziehen; mit Menschen menschlich zu philosophiren sich nicht schämen, oder für Heucheley ansehen werde. So wie einige Anwendungen, die von seinen Schriften hie und da, auch im Drucke, bereits gemacht worden sind, ihm unmöglich gefallen können.

§. 39.

§. 39.

Was faule Vernunft sey?

Die Anwendung unserer Verstandesbegriffe auf Wesen, die nicht zu unserer Erfahrung gehören, mißfällt unserem Philosophen aber auch

2) Aus dem Grunde, weil es die Fortschritte der Vernunft in der Erforschung der Naturkräfte und Natureinrichtungen verhindere, wenn man andere als natürliche Ursachen zur Erklärung der Erscheinungen annehme, und eine faule Vernunft erzeuge. Ordnung und Zweckmäßigkeit der Natur müssen wiederum aus Naturgründen und nach Naturgesetzen erklärt werden. Und hier seyn selbst die wildesten Hypothesen, wenn sie nur physisch sind, erträglicher, als eine hyperphysische, als die Berufung auf einen göttlichen Urheber, den man zu diesem Behuf voraussetzte. (§. 26.) Hierin ist nun sehr viel wahres, und den Begriffen und Zwecken der Philosophie völlig angemessenes. Es ist höchst unwissenschaftlich,

und

und mag faule Vernunft heißen; wenn man statt das System der Naturkräfte zu verfolgen und zu entwickeln, und immer weitere Entdeckungen darin zu erwarten und zu suchen, bey den Erscheinungen so fort zu unsichtbaren intelligiblen Wesen, und sey es zur Gottheit selbst, seine Zuflucht nehmen wollte, um Grund von den Erscheinungen anzugeben. Unwissenschaftlich und ungerecht ist es, wenn diejenigen Naturforscher darum so fort in den Verdacht des Atheismus gezogen werden, die mechanische Erklärungsarten versuchen, wo sie meinen mit irgend einigem Schein es noch zu können. Und grausam und höchst unwissenschaftlich, wenn man so gar von weitern Untersuchungen abhalten, oder durch den Vorwurf des Unglaubens, der Irreligion, abschrecken will; wo man unmittelbare, wunderbare Wirkung Gottes aus der Bibel oder seiner metaphysischen Dogmatik bereits für erwiesen hält.

Aber es kann alles zu weit getrieben werden. Immer fort nur aus mechanischen, oder überhaupt bekannten natürlichen Ursachen erklären wollen, wo diese nichts mehr erklären; physische Naturgesetze als die nächste Ursachen der Ordnung in der Natur ansehen, und nie einen weisen Urheber dieser Gesetze anerkennen wollen; zweckmäßige Einrichtungen in der Natur gegründet sehen, und keinen Verstand der diese Zwecke dachte, und keinen Willen der sie beschloß, erkennen wollen; lieber mit Epikur ewige Atomen durch einen Zufall, oder auf eine unerklärliche Weise, in Wirbel gerathen lassen, und diese so entstandene Wirbel für einen hinreichenden Grund zur Bildung der Welten und ihrer Bewohner halten wollen; da zweyerley wirksame Kräfte schon in der Erfahrung sich uns zeigen, erkennende und leblose, immer nur aus den anziehenden, zurückstoßenden oder andern Kräften der Materie erklären, nichts dem Verstande zuschreiben — Dieß wäre doch gewiß eine eben so einseitig ausschweifende und ungründliche Art zu philosophiren, als diejenige, die überall zu moralischen Ursachen und geistigen Wesen fort-

eilt,

eilt, und anstatt in die Natur, mit Feuer und Schwert, wie Baco sagt, einzudringen, Deum ex machina herbeyruft.

Es besteht beides mit einander; ein Kunstwerk studieren, um den Mechanismus desselben auszufinden; und doch beym ersten Anblick desselben, so wie bey jeder weitern Einsicht in die Regelmäßigkeit und Zweckmäßigkeit seiner Einrichtung sich zu versichern, daß es das Werk eines großen Kunstmeisters ist. Und schwerlich wäre es weise, wenn Jemand es darum nicht für das Werk eines verständigen Urhebers erkennen wollte, weil er noch nicht alle Theile desselben bis auf ihre einfachsten Elemente, und alle deren Verhältnisse einsieht.

Uebrigens ist es gar nicht in der Natur der empirisch = analogischen, immer auf Beobachtung sich gründenden Philosophie, die mittlern Ursachen zu überspringen, und statt wirklicher Naturkräfte metaphysische Nominalkräfte zur Erklärung der Erscheinungen zu

 gebrauchen,

gebrauchen. Wohl eher ist dieß die Method der synthetisch dogmatisirenden, auf reine Verstandesbegriffe bauenden Philosophie. So hat Cartesius aus der Unveränderlichkeit des göttlichen Willens die Bewegungsgesetze bestimmen, und eine Koßmogonie a priori demonstriren wollen.

Und nun, nach diesen allgemeinen Untersuchungen über die Gründe unserer Begriffe und Grundsätze von Caussalität und deren Anwendbarkeit nicht nur zur Befestigung und Ordnung unserer Erfahrungen, sondern auch zur Erzeugung eines vernünftigen Glaubens an unsichtbare Kräfte und Wesen, will ich, ohne so genau, wie bisher auf die Kantische Philosophie Rücksicht zu nehmen, ferner mittheilen, was meine Ueberzeugungen von den Grundwahrheiten der Religion ausmacht, und, bey früher und oftmaliger Erwägung auch der Humischen Zweifel, immer fest erhalten hat.

§. 40.

§. 40.

Nothwendigkeit einer ersten Ursache.

Daß die Welt ein unübersehlich großes, aber in allen ihren bekannten Theilen regelmäßiges System von unzählig vielen Arten kleinerer regelmäßiger Naturen sey; kann hier als eine Grundwahrheit angenommen werden. Niemand kann sie leugnen, wer Sinn und Verstand gebraucht; kein Atheist leugnet sie, wenn er mit Besonnenheit spricht; und der gründlichste Naturforscher hat immer die tiefste Ueberzeugung davon. Eben so unleugbar ist es, daß die regelmäßige Verbindung der Theile, aus welcher die Arten der Dinge, Pflanzen, Thiere, Menschen entstehen, allernächst wenigstens, auf keiner absoluten Nothwendigkeit beruht; sondern bedingt und abhängig ist. Die kleinste zufälligste Ursache zerstört ja oft genug, um dieß daraus zu lernen, die ganze schöne Organisation der Pflanze und des Thieres.

Zur vernünftigen Ueberzeugung vom Daseyn Gottes sind also nur zwo Untersuchungen nöthig:

1) Ob es entscheidende Vernunftgründe für sich hat, eine erste Ursache, oder einen absolut letzten Grund dieser bedingten, abhängigen, regelmäßigen Einrichtungen anzunehmen?

2) Und diesen absolut letzten Grund in einem Wesen sich zu denken, das wir, nach den Grundgesetzen unseres Verstandes, als verständig, weise, gütig und allmächtig betrachten und verehren müssen?

Und ich behaupte mit so vielen Wahrheitsforschern so vieler Jahrhunderte zuversichtlich, daß es erstlich die entscheidendsten Vernunftgründe für sich hat, einen letzten Grund aller der bedingten abhängigen Einrichtungen der Natur in irgend einem davon verschiedenen Wesen anzunehmen. Die Vernunft verwickelt sich in Widersprüche; wenn sie nicht zur Reihe dieser von einander abhängigen Einrichtungen und aus einander entspringenden

Begeben-

Begebenheiten eine absolute Grundursache annehmen, sondern statt derselben die Reihe des Bedingten und Abhängigen für unendlich halten will. Eins von beiden aber muß sie wählen. Denn Es ist irgendwo ein letzter Grund und Es ist nirgends ein letzter Grund, sind Sätze die in einem reinen, contradictorischen Gegensatz stehen. Einer von beiden muß wahr seyn. Der Widerspruch aber, der in dem zweyten dieser beiden Gegensätze liegt, läßt sich auf verschiedene Weise bemerklich machen.

1) Die Begriffe des **Bedingten, Begründeten, Abhängigen** beziehen sich eben so offenbar auf etwas davon verschiedenes, aber durch sie angedeutetes, nemlich auf **Bedingung, Grund, Ursache**; als die Begriffe von Sohn und Unterthan auf andere Begriffe, vom Vater und Obrigkeit, sich beziehen; und als der Begriff von Triangel — obgleich nach einem andern Verhältnisse — auf die Begriffe von Linien und Winkel Anweisung gibt. Bedingtes

tes ohne Bedingung, Abhängiges ohne etwas, wovon es abhängt, ist eben so offenbar widersprechend, als Sohn ohne Vater, Unterthan ohne Obrigkeit, Cirkel ohne Mittelpunkt. Alles Relative erfordert etwas Absolutes, worauf es bezogen wird, vermöge des Begriffes.

Und wenn dem überhaupt so ist: so kann es auch nicht anders seyn bey irgend einer Menge derselben abhängigen Dinge. Viele Söhne, unbestimmlich, und wenn man will, unendlich viele Söhne oder Unterthanen machen unserem Verstande die Idee Vater, Obrigkeit nicht entbehrlicher, als sie es bey der Idee von einem Sohn oder Unterthan nicht ist. Und wenn wir auch annehmen wollten, daß die Glieder der Reihe und ihr Verhältniß gegen einander nicht immer von derselben Art seyn, generationem aequiuocam und vniuocam durch einander annehmen wollten; auch dieß änderte nichts in der Schlußfolge, so lange wir überall noch die Idee des Abhängigen beybehielten. Immer müssen wir beym

Abhän-

Abhängigen und Bedingten, wie oft und von welcher Art es auch angenommen würde, etwas absolutes, für sich bestehendes, annehmen; oder wir verneinen mit der einen Hälfte unseres Urtheils, was wir mit der andern bejahen; wir widersprechen uns selbst. Worte ohne Gedanken können diesen Widerspruch unmerklich machen, wie jedweden andern. Aber der Gedanke verträgt ihn nicht. Den Gedanken sinnlich zu machen, hat man sich längst des nicht unschicklichen Gleichnisses bedient, daß bey der Gewahrnehmung des einen Endes einer herabhängenden Kette, deren Anfang nicht sichtbar wäre, die Frage, woran die Kette hange, oder was sie halte, doch damit gewiß nicht beantwortet seyn würde, wenn man sagen wollte, sie werde durch die Menge ihrer Glieder gehalten, deren unendlich viele seyn, und wovon immer eines das andere halte. Was hält sie alle; würde aufs neue die Frage seyn; was hält die Kette? Eine Idee, die ihrer Natur nach, das heißt nach allem dem, was sie uns gründet, relativ ist, kann dadurch nicht aufhören, dieß zu seyn, daß wir sie viele male, und wenn wir wollen, in unendlicher Menge annehmen oder voraussetzen.

Wenn dennoch Jemand hiebey einwenden wollte, daß bey der Voraussetzung einer unendlichen oder anfangslosen Reihe ein jedes Glied im Vorhergehenden, alle also Grund haben würden: so hätte man nur zu bedenken, daß diese Unendlichkeit nicht nur eine bloße Voraussetzung wäre, sondern auch eine Voraussetzung die nicht taugt; weil sie weder in sich selbst begreiflich ist, noch das, was die Frage veranlaßt hat, begreiflich macht. Das Unendliche ist an sich unserm Verstand immer etwas unbegreifliches, was er nicht ganz durchdenken und vollständig klar sich machen kann. Aber mag es dieß seyn; wenn es nur, vermöge dessen, was wir davon einsehen, dasjenige begreiflich macht, was außer dem noch unbegreiflicher seyn würde, so kann es zur Hypothese gebraucht werden, und muß es vielleicht

leicht unter gewissen Umständen. Aber im gegenwärtigen Fall hat derjenige uns gar nicht gesagt, was wir wissen wollen, und wornach zu fragen wir durch die Natur unserer Vorstellungen genöthiget waren, der eine unendliche Reihe des zu erklärenden voraussetzte; eine unendliche Reihe von Söhnen ohne einen Stammvater.

2) Man braucht aber auch nur diese atheistische Supposition genauer aus einander zu setzen, und völlig deutlich zu machen: so kömmt der Widerspruch, dem sie abzuhelfen schien, völlig wieder zum Vorschein. Die Sache läßt sich so zeichnen:

F $\frac{P}{F}$ $\frac{P}{F}$ $\frac{P}{F}$ . . . . et sic in infinitum ist die atheistische Hypothese.

F $\frac{P}{F}$ $\frac{P}{F}$ $\frac{P}{F}$ . . . . P hingegen der Satz des Theisten.

Ich frage den Vertheidiger der ersten Hypothese:

a) Ob in der angezeigten Reihe, die er annimmt, so viele Söhne (F) als Väter (P) oder mehrere, oder weniger? Diese Frage α) ist zulässig, auch wenn noch die Unendlichkeit der Reihe nicht widerlegt ist. Denn auch unendliche Mengen lassen sich vergleichen; eine kann kleiner, größer als die andere, oder ihr gleich seyn; β) Wie will der Atheist antworten? Der Menschenverstand, die Sache, läßt ihm keine Wahl. Er muß antworten so viel Väter, als Söhne; oder wir haben gleich das absurdum eines Sohnes ohne Vater.

b) Nun frage ich abermals, ob die Menge der Väter der Menge der Söhne gleich sey oder nicht, wenn wir den letzten F nicht mit zählen wollen? α) Die Frage ist wieder zulässig. Es steht bey uns den letzten F mitzuzählen oder nicht. Vom Zählen ist nur die Frage; seine Existenz soll er behalten, und sein Vater also Vater bleiben. β) Und die Antwort — steht schon geschrieben da; der Atheist hat sie schon gegeben $\frac{P}{F}\frac{P}{F}\frac{P}{F}$ et sic in infinitum heißts in seiner Hypothese.

c) Diese

c) Diese beiden in der atheistischen Hypothese liegenden Antworten widersprechen sich nun aber einander offenbar. Wenn in der Reihe $\frac{P}{F}\,\frac{P}{F}\,\frac{P}{F}$ . . . . . . gerade nur so viele P als F sind: so sind in der Reihe F $\frac{P}{F}\,\frac{P}{F}\,\frac{P}{F}$ . . . . mehr Söhne als Väter. Denn es ist ein F zu den vorigen hinzugekommen, und kein P. Also hebt die eine Antwort die andere auf. Beide aber folgen aus der Supposition. Diese enthält also einen Widerspruch.

Und daß dieser Widerspruch nicht von der Art zu fragen oder zu antworten herkomme, sondern vom supposito; erhellet auch daraus, daß kein Widerspruch sich hervor thut, wenn man dasselbe Verfahren auf die andere Zeichnung F $\frac{P}{F}\,\frac{P}{F}\,\frac{P}{F}$ . . . . P anwendet. Denn fragt man hier wiederum α) ob eben so viel P als F in der Reihe seyn: so muß freylich die Frage immer, wie vorher, bejaht werden. β) Auf die zweyte Frage aber, ob auch noch, wenn das letzte F weggerechnet würde, ist nun die Antwort Nein; weil am Ende P

steht

steht, ein Vater, der nicht Sohn ist, Pater hominumque Deumque.

Man hat mir einige Einwendungen gegen diesen Beweis mündlich und schriftlich gemacht, die mir aber so äußerst leicht zu beantworten scheinen, daß ich nicht für nöthig halte, hier darauf mich *einzulassen*; sondern abwarten will, ob sie ferner wiederholt, oder etwa andere von meherer Bedeutung werden vorgebracht werden.

Uebrigens kann für eine gewisse Reihe des Abhängigen, für gewisse Verhältnisse und Absichten der Untersuchung, etwas letzter Grund seyn, was nicht schlechthin letzter Grund ist. Wo es nur auf den Grund einer Verpflichtung ankäme, da könnten wir nicht aufhören zu fragen, so lange die Aufforderung nur von denen geschähe, die uns nicht verpflichten können, und wenn sich ihrer auch noch so viele auf einander bezögen. Aber wenn wir bis zu einem für uns gesetzgeberischen Willen gekommen wären, da hätten wir genug; ob gleich

gleich nun eine neue, aber für unsere Absicht entbehrliche Frage von den Gründen dieses uns verpflichtenden Willens entstehen könnte. Und so in andern Fällen, wenn wir zum Urheber der That, oder zum Augenzeugen, oder zur verständigen Ursache der Ordnung im Verstandlosen gekommen sind.

§. 41.

Ob und in wie weit wir im Stand sind von der ersten Ursache uns einen bestimmten Begriff zu machen?

Wenn aber der Verstand auch so weit gekommen ist, daß er die Supposition einer anfangslosen Reihe des Abhängigen in der Natur verwirft, und die Nothwendigkeit einer ersten Ursache anerkennt: wie sollen wir es anfangen, um von diesem höchsten Wesen irgend eine bestimmte Vorstellung uns zu machen? Dürfen wir es wagen, die Vorstellungen, die aus unsern äußern oder innern Empfindungen abhängiger Kräfte und Wesen,

oder

oder wohl gar nur vorübergehender Zustände und Verhältnisse abstammen, auf dieß Urwesen anzuwenden; das doch eben so gewiß uns scheinen muß von allem Abhängigen, allem in unserer eingeschränkten Erkenntnißform vorkommenden verschieden zu seyn, als es uns nothwendig vorhanden zu seyn scheint? Werden wir uns nicht in Widersprüche verwirren, wenn wir Prädicate, die auf ganz andere Gegenstände und Verhältnisse sich beziehen, hier anwenden wollen? Oder, wenn wir uns dieses einmal erlauben; wo wollen wir aufhören; wo die Grenze setzen, um vor den Ausschweifungen fanatischer Schwärmer oder den Misgeburten des Anthropomorphismus uns zu bewahren?

Dieß sind Bedenklichkeiten, die jedem Denker hier aufsteigen müssen; und wenn sie ihm nicht von selbst entstünden, durch die Geschichte der Religionslehren und der theologischen Systeme und Streitigkeiten aufgedrungen werden würden. Und eben aus diesen Gründen nimmt der Atheist oder Deist immer seine schärfsten Pfeile her. Vor diesen Bedenklichkeiten die Augen verschließen und vorbeyeilen, würde also nicht nur der Gefahr eines grundloßen Dogmatism aussetzen; sondern auch gegen die Angriffe des Gegners der Religon nicht schützen.

Es sind im Vorhergehenden schon manche Bemerkungen enthalten, die die Gründe zur Aufklärung und Berichtigung dieser Bedenklichkeiten erhalten. Aber es ist nöthig, alles auf das ordentlichste zusammen zufassen und weiter zu entwickeln.

1) Muß man sich hiebey vorsehen, daß nicht Absichten und Ansprüche auf eine Erkenntniß sich einmischen, die überall nicht menschliche Erkenntniß ist und seyn kann; Erkenntniß des innern und absoluten Wesens. Von nichts in der Welt, von uns selbst nicht, unserem Körper oder unserer Seele, haben wir eine solche Kenntniß des Innern und Absoluten. Alle unsere Erkenntniß betrifft Verhältnisse,

hältnisse, Beziehungen. Was die Dinge in Beziehung auf uns, unsere Kräfte und Neigungen sind, was unsere Kräfte und Neigungen in Beziehung auf eben diese Dinge, so viel und so weit wir sie erkennen, sind, dieß ist es, was wir von uns und der übrigen Natur wissen, weiter nichts. Ja wir können uns nicht einmal eine Vorstellung davon machen, was das heisen soll, das absolute Wesen einer Sache erkennen; wenn wir es nicht so erklären, wie es oben erklärt worden ist (§. 17.) laßt es also immer seyn, daß dieß absolute Wesen doch etwas an sich sey; laßt es gelten, daß es vielleicht einen Verstand geben könne, der es nicht wie der unsrige, nur in Beziehung auf seine Natur, und in allen übrigen wirklichen und möglichen Beziehungen, sondern wie es an sich ist, auch erkenne; wie wohl es eine harte Forderung ist das gelten zu lassen, was unser Verstand sich ganz und gar nicht denken kann. Aber laßt es seyn: was hilft das uns; und was geht das uns an, was unsere Erkenntniß nicht ist, und nicht

seyn

seyn kann? Müssen wir nicht mit unserem Verstande denken? Und ist nicht Rechtverhalten in Ansehung unseres Verstandes, rechter Gebrauch desselben, richtiges Denken, ein seiner Natur und den festen Gründen unserer Erkenntniß gemäßes Denken?

Also damit müssen uns der Atheist und Deist, wenn sie philosophisch verfahren wollen, unsern Theismus nicht angreifen; daß unsere Erkenntniß von Gott nur menschliche Erkenntniß ist, daß wir nur Verhältnisse und nur einige Verhältnisse der Gottheit erkennen, daß wir Gottes inneres und absolutes Wesen nicht vollständig einsehen und begreifen. Dieß gesteht ihnen jeder vernünftige Theolog ein. Ja es ist schon längst ein gemeiner Lehrsatz in der Theologie geworden, daß Gott unermeßlich und sein Wesen unbegreiflich sey. Der Philosoph muß dasselbe zu folge seiner tiefsten Einsichten bekennen. Aber er weiß auch, daß ein Argument, welches alle bestmögliche menschliche Erkenntniß trifft, nach menschlicher Logik gar nichts mehr beweisen und gelten könne.

2) Aber erkennen wir auch wirklich Verhältnisse der Gottheit zu uns und andern Dingen; so wie wir Verhältnisse dieser andern Dinge zu uns und unter einander erkennen; so daß wir von diesen Verhältnissen Prädicate hernehmen, und uns dadurch den Begriff von der Gottheit bestimmt und denkbar machen können? Wer dieß schlechtweg leugnen wollte, müßte leugnen, daß wir recht daran thun und richtig denken, wenn wir die Kräfte nach den Wirkungen benennen (§. 37.); oder leugnen, daß wir Grund haben, außer dem System des Abhängigen eine Grundursache anzunehmen (§. 40.); oder endlich müßte behaupten, daß wir uns nur von dem eine Vorstellung machen können, was unmittelbar auf uns wirket, oder was unserer Anschauung vorkömmt. Alle diese Behauptungen aber sind unstatthaft und streiten gegen die Natur und Gründe menschlicher Erkenntniß. Denn was

das

das letzte anbelangt: wie viele höchst menschliche und höchst vernünftige Erkenntniß würde verloren gehen und aufgegeben werden müssen, wenn wir uns sollten keine Vorstellungen machen können oder dürfen, als nur von Dingen, die uns anschaulich geworden sind; wenn wir nicht von den sichtbaren Wirkungen auf die unsichtbaren Kräfte und Ursachen schließen dürften? (§. 37.)

3) Aber wir müssen doch dergleichen etwas unmittelbar oder anschaulich erkannt haben, was wir, zu folge eines Schlusses uns vorstellen wollen, da wo wir es nicht anschaulich erkennen. Und kann die Grundursache gleich oder ähnlich seyn dem gegründeten und abhängigen, dem subjectiven, nach unserer eingeschränkten Denkkraft geformten Schein?

a) Wir dürfen und müssen die Gründe von den Folgen, die Ursachen von den Wirkungen benennen, auch von den mittelbaren. Wenn wir nur gewiß sind, daß dasjenige in den Wirkungen und Folgen, wovon wir die Benennung hernehmen wollen, nicht in den Mittelursachen seinen völligen und letzten Grund hat, sondern wirklich von der Grundursache herrührt. Und hier ist freylich der schwerste Punkt, wobey wir leicht und gröblich irren können. Es kann Gutes und Böses von den Mittelursachen herkommen, wovon in den Planen und Dispositionen der ersten Ursache nichts war. So kann insbesondere bey den Mittelursachen Einschränkung und Unvollkommenheit vorkommen, weil das Ganze der Wirkungen, die hervorgebracht werden sollen, unter die mehrern Mittelursachen vertheilt ist. Bey diesen kann es nach und nach zum Vorschein kommen; da es doch von der ersten Ursache in seiner ganzen Vollkommenheit auf einmal gedacht und gegründet war. Eben deswegen ist es auch nöthig, in der Untersuchung der mittlern Ursachen immer fortzufahren. Denn so entdecken sich vielleicht immer mehrere Gründe und Verhältnisse, die wir allzuvoreilig unmittelbar an den Begriff der ersten Ursache anknüpften, weil sie nicht in die Begriffe der bisher erkannten Mittelursachen paßten. Unterdessen kann so vieles im Ganzen der Wirkungen sich uns zeigen, wovon wir nicht den letzten Grund in den Mittelursachen, einzeln und zusammen genommen, mit Gründen unserer Erkenntniß und unsers Verstandes, uns denken können: alles dieses zusammen genommen kann hingegen einen so einstimmigen und den Gründen unseres Verstandes so angemessenen Begriff von der Grundursache uns geben; daß wir nicht recht daran thäten, wenn wir nicht dieselbe darnach uns vorstellen, wenn wir einen so gegründeteten Begriff für leer und ungegründet erklären wollten; zumal wenn dieser Begriff nichts weniger als gleichgültig für uns wäre, sondern zu unserer höchsten Veredlung und Beglückung der wohlthätigste und nothwendigste. Und nun frage ich einen jeden Naturbeobachter auf seinen gesunden Blick und seine tiefsten Einsichten, ob wir nicht einen so einstimmig gegründeten Begriff vom höchsten Wesen bekommen müssen, wenn wir alle die Ordnung und alles das Gute, alles das Leben, alle die Wirksamkeit, und alle die Einstimmigkeit bedenken; und fragen woher es kommen könne? Ob wir den letzten Grund dieser Einstimmigkeit so vieler lebendigen und wirksamen Kräfte, die im Ganzen unleugbar ist, aller dieser Ordnung und alles dieses Guten bey den bekannten oder unbekannten, doch irgend nach Gründen unseres Verstandes anzunehmenden, Mittelursachen, und nicht vielmehr bey der ersten Ursache, dem Urwesen anzunehmen haben?

β) Aber wenn doch alle Namen, die wir der Grundursache beylegen, alle Begriffe die wir auf sie anwenden wollten, ursprünglich auf ganz andere Dinge sich beziehen und etwas anders bedeuten, und gar nichts mehr bedeuten, wenn wir sie aus jener Beziehung wegnehmen? Wenn das wäre; wenn alle unsere Namen gar nichts mehr bedeuteten, wenn wir sie vom Abhängigen und Eingeschränkten aufs Unabhängige und Uneingeschränkte übertragen; wenn gar nichts mehr bedeuteten bey dieser Anwendung die Namen Verstand und Willen, weise, gütig und mächtig, möglich, nothwendig und wirklich, Kraft und Ursache u. s. w.: Ja so wäre es aus mit unserer Theologie; so wären alle Religionslehren sinnloses Geschwätze; alle, auch die auf Glauben sich stützenden. Aber dieses Vorgeben ist eine von den übertriebenen Behauptungen, wodurch man verwirrt, indem man aufklären will. Und doch hat sie Kant selbst schon eingeschränkt, indem er zugibt, daß wir Aehnlichkeit der Beziehungen mit andern uns näher bekannten Beziehungen bey der ersten Ursache annehmen, und darnach sie benennen dürfen; welches er den symbolischen und erlaubten Anthropomorphismus nennt. Und diese Einschränkung hat so viel auf sich, daß der Satz, den sie trifft, mehrentheils dabey über den Haufen fällt. Wovon wir Beziehungen erkennen, davon erkennen wir etwas höchst wichtiges und wesentliches für unsere Erkenntniß. Namen die uns solche Beziehungen bedeuten, haben eine sehr volle und reelle Bedeutung; oder alle unsere Begriffe sind am Ende leer, und unsere Namen bedeuten nichts.

Reinigen und erhöhen müssen wir freylich unsere von eingeschränkten Empfindungen des Abhängigen und Vorübergehenden abstammenden Begriffe, wenn wir sie zur Bestimmung und menschmöglichen Ausfüllung der Idee vom höchsten Wesen geschickt machen wollen. Aber es ist falsch, daß ihnen gar nichts bleibt, wenn wir das unschickliche, anstößige oder wenigstens mit keinem vernünftigen Grund dort anwendbare alles weglassen. Weisheit sagt mir, und ich hoffe, jedem vernünftigen Menschen etwas, wenn wir gleich die Vorstellungen von successiver Erkenntniß und Verknüpfung aller Mittel und Absichten entfernen. **Erkennen**, **Wissen** heißt etwas, wenn wir gleich alle Einschränkungen des menschlichen Erkennens und Wissens nicht mit in den Begriff nehmen. Güte heißt etwas, wenn wir auch nicht menschliche Empfindungen und Beweggründe dabey denken.

Freylich geben uns alle diese Begriffe und Namen keine volle Anschauungen mehr; wenn wir durch solche Abstractionen sie reinigen und erhöhen. Aber gibt es gar keine menschliche Erkenntniß außer der vollen Anschauung? Ist symbolische Erkenntniß nicht auch Erkenntniß? Geben die feinen Abstractionen der reinen Mathematik alle Anschauung? Ist der Begriff vom Unendlichen, mit welchem eben auch die Mathematik so große Dinge ausgerichtet hat, ein anschaulicher oder vielmehr nur ein symbolisch deutlicher Begriff?

γ) Und wenn auch menschliche Zusätze zu diesen Begriffen wieder hinzukommen; wenn sie unvermerkt sich einschleichen auch beym bedachtsamsten und abstractesten Denker; wenn sie in menschliche Anschauungen und Gefühle übergehen müssen, um für Menschen wirksam zu seyn: o lasset uns doch auch darum nicht diese in ihren Gründen vernünftigen Begriffe ganz wegwerfen oder verachten. Lasset uns nicht uns schämen, Menschen zu seyn.

Aber wo dann aufhören? Wo es verderblich wird; wo es uns die bessere Erkenntniß vernichtet; wo es den Gründen auf denen es mit beruhet entgegen ist, weiter etwas zu bestimmen; wo es die meisten Analogien unserer Erkenntniß wider sich hat. So müssen wir aufhören bestimmen zu wollen, aufhören zu fragen oder zu antworten, wenn wir beym Nachdenken über die **Art und Weise**, wie die Welt mit Gott zusammenhängt und in ihm ihren Grund hat, in Gefahr gerathen, die doch so gegründete und evidente Einsicht, daß es eine erste Ursache geben müsse, ganz zu verlieren oder zu verdunkeln. So müssen wir aufhören; wenn bey der Nachforschung, wie der höchste Verstand das gegenwärtige und künftige erkennt und unterscheidet, der an sich so gegründete Gedanke, daß das ganze verständig geordnet sey, verschwinden will. Stille stehen müssen wir und uns bewußt werden, daß unsere Erkenntniß Grenzen hat, und die erste Ursache sich nicht ganz ausforschen lässet mit Hülfe unserer Begriffe; wenn

unser

unser Verstand ins Gedränge kömmt bey den Fragen: Ob Gott die Welt aus nichts geschaffen, oder nur die Elemente der Natur geordnet; Ob von Ewigkeit her die Welt vorhanden, abhängig jedoch von der Gottheit, gegründet auf Weisheit, Güte und Allmacht derselben, oder einmal zu seyn angefangen habe; wobey die Supposition einer ersten Action, vor der nichts vorhergegangen noch mehr als eine anfangslose Reihe von Actionen, die uns scheinen möchte in der ewigen Abhängigkeit einer Welt liegen zu müssen, in Verlegenheit setzt. (§. 36.) Denn wenn gleich bey allen diesen Fragen es der Vernunft zur Noth noch möglich ist, eine Meinung vor der andern wahrscheinlich zu machen, so ist doch damit nicht viel ausgerichtet; weil bey jeder doch Anlaß zu allerley Schwierigkeiten und Bedenklichkeiten übrig bleibt, und jede neue Bestimmung neue Fragen nach sich zieht.

Hier ist es, oder hier wenigstens eher als beym Hauptsatz des Theismus, wo man mit Kanten sagen kann, daß die Hypothesen

der

der speculativen Vernunft nur dazu dienen, eine der andern entgegen zu setzen, und dem vermessenen Dogmatism Einhalt zu thun.

Aber die Vernunft kann sich auch um so leichter bey der Bemerkung dieser ihrer Grenzen beruhigen, da es ihr nicht nur sehr begreiflich seyn muß, daß und warum es nicht möglich ist, die darüber hinauszielenden Fragen zu beantworten, sondern sie sich auch überzeugen kann, daß zu ihrem praktischen Interesse diese weitern Einsichten nicht durchaus nöthig sind. Mir ist es wenigstens bey meinen freymüthigsten und eifrigsten Untersuchungen völlige Ueberzeugung geworden, daß was der Mensch nicht wissen kann, er auch nicht zu wissen brauche. Ja in vielen Fällen ist es mir halb einleuchtend, daß aus weisen und wohlthätigen Gründen diese mehrern Einsichten, nach welchen die speculative Vernunft bisweilen so sehr gelüstet, dem menschlichen Geschlechte versagt sind; und daß noch in einem mehrern als dem vom Dichter eigentlich wohl nur gedachten Sinn es wahr sey: Prudens futuri temporis exitum caliginosa nocte premit Deus.

Wenn nicht das leztere so doch das erstere ist, so viel ich einsehe, der Fall selbst bey dem Prädicat der Einheit Gottes. Im moralischen Sinn, oder davon, daß nach einstimmigen Gesetzen und Zweken die Welt gegründet sey und regiert werde, uns zu überzeugen, ist höchst wichtig für unsere Religion und Gemüthsruhe. Aber hiervon kann uns auch die genauste Beobachtung der Natur hinlänglich überzeugen. Nicht so stark aber sind die Vernunftgründe für die numerische, substanzielle, oder wenn man will, persönliche Einheit des göttlichen Wesens; wie freymüthigen Forschern schon längstens bemerklich geworden ist. Aber was schadets? Was liegt uns daran, ob die Welt monarchisch beherrscht wird oder aristokratisch; wenn sie nur mit vollkommenster moralischer Einheit beherrscht wird? Das christlich-theologische Dogma von der Dreyeinigkeit ist sicherlich in den Köpfen der

meisten

meisten Christen, wenn es gleich die Bücher nicht so haben wollen, Tritheismus. Was hindert das ihre Religon? Vielmehr — daß ich dieß, weil mirs eben so nahe liegt, hinzusetze — ist es die größte Wohlthat für die menschliche Vernunft, bey ihrer so starken Anhänglichkeit ans Sinnliche, daß dieses Dogma es erlaubt, die Gottheit in der einen Person ganz versinnlicht, das unsichtbare und unbegreifliche Wesen in dem Abglanz des Erstgebohrnen aller Creatur, im Gottmenschen anzubeten. Ihr Weisen höheres Schwunges, die ihr hier nicht anbeten könnet, geht doch mit stillem Ernst vorbey vor dem, was der Menschheit im Ganzen Bedürfniß und wichtig ist!

§. 42.

Ob die erste Ursache endlich oder unendlich?

Die wichtigste, vielbefassendste Bestimmung für den Begriff der Gottheit, mit welcher auf einmal am meisten gesetzt wird, ist die, daß ihr Wesen, ihre Kraft und Vollkommenheit unein-

uneingeschränkt oder unendlich sey. So wenig auch die Schlüsse womit man dieses entweder gerade zu aus dem Begriff des allervollkommensten Wesens selbst, oder dem Begriff der Nothwendigkeit und Unabhängigkeit, den Grundbestimmungen im Begriff der ersten Ursache, hat demonstriren wollen, die schärfste Prüfung aushalten *): so findet sich diese Bestimmung, entwickelt oder unentwickelt, so oder anders ausgedruckt, bey allen einigermassen aufgeklärten Völkern doch so fast durchgängig im Begriff von der Gottheit oder der ersten Ursache, und es wird der aufgeklärten

*) Hier verweise ich auf die Kantische Kritik. Ich habe zwar, seitdem ich Philosophie in Göttingen lehre, über die Beweise fürs Daseyn Gottes aus blossen Begriffen, in der Hauptsache nicht anders als dieser Philosoph gedacht und gelehrt; auch schriftlich, sehr kurz in meinen Compendien, ausführlicher in den hiesigen G. A. mich sehr oft dahin erklärt. Aber das Verdienst der ersten so genauen und gründlichen Beleuchtung dieser vermeintlichen Demonstrationen will und kann ich ihm nicht streitig machen.

klärten Vernunft so schwer davon abzulassen, daß man nicht ganz unerhebliche Vernunftgründe dabey vermuthen muß. Diese Gründe scheinen mir in folgenden Bemerkungen enthalten zu seyn.

1) Die Vernunft, durch ihre Natur bestimmt ihre Wahrnehmungen zu ordnen und möglichst zu vereinigen, und aus dem gewiß erkannten sich Schlüsse und Vermuthungen entstehen zu lassen, fordert von sich selbst Rechenschaft dessen was sie urtheile, und nach ihren besten Gründen urtheilen müsse von dem Wesen, welches sie anzunehmen als die Grundursache des Systems der Erfolge und Zustände sich bereits genöthiget sah. Sie fordert sich dazu noch mehr auf durch den Gedanken, daß, wenn ein Gott ist, dieser ihr und aller Naturen Schöpfer gewiß will, daß sie sich ihre Idee von ihm so sehr entwickle und fruchtber mache, als ihr möglich ist, und dazu alle ihr verliehenen Kräfte und Anlagen, und alle in ihrer Erkenntniß liegende Gründe,

alle

alle Analogien und Winke der Natur vorsichtigst aber doch auch sorgfältigst benutzen. Wenn gleich überhaupt Ideen für sich kein objectives Daseyn beweisen, und auch hier vollständige evidente Beweise eines solchen Daseyns aus bloßen subjectiven Gründen nicht entstehen mögen: so muß sie sich doch mit sich selbst einstimmig erhalten, und einer ihr unentbehrlichen, einer durch ihre Grundsätze von der Caussalität bereits objectivisch begründeten Idee diejenigen Bestimmungen geben, die den besonders hieher gehörigen und den allgemeinen Gründen ihrer Erkenntniß am angemessensten sind.

2) Nun stellen sich ihr beym Nachdenken über die Erste Ursache zwo Ideen zur Bestimmung jenes Begriffes dar, die von Einschränkung und die von uneingeschränkter höchster Vollkommenheit. Zwischen beiden soll sie wählen, zwischen beiden muß sie wählen; denn sie stehen in contradictorischer Opposition. Nun kann sie zwar nicht behaupten, daß die

eine dieser Ideen, so wie die andere, daß die Idee des Unendlichen durch eine Anschauung, oder irgend ein Gefühl ihr realisirt sey. Sie begreift vielmehr leicht, daß menschliche Anschauungen und menschliche Gefühle nicht geschickt seyn, das Unendliche zu umfassen. Sie kann begreifen, wie sie diesen Begriff vom Unendlichen, so wie sie ihn hat, mehr negativ als positiv, ein wenig anschauliche und weit mehr symbolische Erkenntniß, sich selbst hat bilden können. Doch hat sie ihn nun, und kann ihn nicht als absurd verwerfen. Und hat ihn vielleicht so ungesucht, so unvermerkt erhalten, daß sie ihn nicht wohl für vorsetzlich oder absichtlich geschaffen halten kann. Und wenn ihr nun dieser Begriff der passendste wäre, den Begriff von der ersten Ursache bestimmter und fruchtbar, und anpassender zu machen? Und dieß ist er allerdings. Denn das Unabhängige läßt sich nicht gut eingeschränkt denken, wie wohl das Abhängige. Dieß letztere hat sein quantum und quale von Realitäten anders woher, hat so viel davon,

als

als sein Urheber, die hervorbringende Ursache, ihm hat geben können oder wollen. Aber woher nun dieß eingeschränkte quantum und quale der Realitäten beym unabhängigen Grundwesen?

Ferner sieht die Vernunft keinen absoluten Grund der Nothwendigkeit des Daseyns in der Idee irgend eines Wesens, als nur in der Idee des Vollkommensten; dieß läßt sich nicht als zufällig oder abhängig möglich denken; nur als ewig und unabhängig läßt sichs denken. Dieß beweiset nun freylich nicht, daß dieß Wesen wirklich vorhanden sey, und daß im Abhängigen nur ein absoluter Grund des Daseyns objectivisch vorhanden seyn könne. Aber wenn denn doch die Vernunft diese Uebereinstimmung ihrer Ideen findet; warum soll sie das Uebereinstimmende trennen, und verbinden, wo sie keine Uebereinstimmung finden kann; bey jener ihrer Position und angelegentlichen Wahl? Endlich ihr ist so wohl bey dem Gedanken, daß es Etwas Unendliches und Höchstvollkommenes gebe, daß ihr Vater, die Quelle ihres Daseyns und alles Daseyns unendliche Vollkommenheit sey; ihr ists, als ob sie zu einem Streben nach dem Unendlichen sich gedrungen fühlte. Warum sollte sie sich mit Gewalt zurückhalten, ihren schönsten Strebungen widerstehn?

c) Dieß sind mir nun eben so wenig zureichende Gründe zu förmlichen evidenten Demonstrationen; als es mir bloß declamatorische Ausbrausungen, oder sophistische Ueberredungen, oder auch nur subjective Eigenheiten meines Kopfes und Herzens zu seyn scheinen. Schwache, aber bey ihrer Vereinigung, wenn nicht sehr erleuchtende doch wohlthätigst erwärmende, Lichtstrahlen aus der Dunkelheit scheinen mir es zu seyn, die jeder ein wenig aufgeklärte Verstand gewahr werden kann; nicht Blendwerke der Kunst, sondern Winke der Natur; vernünftige Vermuthungen aus der umfassendsten Beachtung ihrer Anlagen und Einrichtungen; Aufforderungen zum Glauben und Hoffen und Streben und zum bescheidenen Urtheilen.

d) Die Achtung für diese Art von Erkenntnißgründen wird aber um so größer, je mehr man bey zunehmender Einsicht in die Gründe aller menschlichen Erkenntniß gewahr wird, daß sie zuletzt alle subjectiv werden, und zuletzt die völlige selbstständige objective Gewißheit nicht haben, die sie in der Mitte zu haben scheinen (§. 33.). Um nur auf eine der vorherigen, diese Bemerkung bestimmter enthaltenden, Erörterungen hiebey zurück zu gehen; ist es nicht bey einem solchen subjectiven Grunde, daß Idealisten und Antiidealisten mit einander einig werden, wann sie es je werden; bey der Bemerkung, wie es gegen die Natur unseres Verstandes streite, die Körper nicht für Wirklichkeiten außer uns zu halten, woher auch ihre Erkenntniß uns kommen möge? Noch einmal, es ist ein Grundfehler, alles auf einerley Weise oder in gleicher Vollkommenheit erkennen zu wollen;

und alles eckel von sich zu weisen, was sich nicht nach dem Dictum de O. und N. demonstriren läßt.

§. 43.

Ob die erste Ursache als ein verständiges Wesen von uns zu denken sey?

Die wesentlichste Bestimmung zum Begriff der Gottheit, die unentbehrlichste, wenn er uns Religion mit ihren wohlthätigen Wirkungen gründen soll, ist die, daß es ein moralisches, verständiges Wesen sey, das wir als weise und gütig bey seiner Allmacht denken können und müssen; nicht eine Maschine ohne Erkenntniß und Absichten. Und eines von beiden Prädicaten muß das wahre seyn, erkennend oder nicht, absichtlich wirkend oder nicht. Und da uns der Name einer Maschine oder mechanisch wirkenden Ursache eben dieß erkenntnißlose und ohne eigene Absicht wirksame ausdrückt: so ist der Gegensatz zwischen verständiger Ursache und Maschine gleichfalls

falls ausschliessend. Und welches sind nun die Gründe, die bey dieser allerwichtigsten Wahl, die je der Vernunft vorschweben kann, sie bestimmen sollen?

Zu meiner und vieler anderer nachdenkenden Menschen Ueberzeugung sind folgende alte Gründe hinreichend gewesen. Ich zeige sie nur ganz kurz an, weil sie in so vielen Schriften ausführlich vorgetragen sind.

1) In der Wirkung kann nicht mehr enthalten seyn, als in der Ursache. Also kann das Leblose und Verstandlose nicht Ursache von Verstand und Leben seyn. Wenn oft gesagt wird, daß die größten Wirkungen aus den kleinsten Ursachen entstehen: so enthält dieß keinen Einwurf gegen den vorhergehenden Schluß. Kleine Ursachen sind nur in so fern der Grund großer Begebenheiten, daß sie den Anfang der Bewegung machten, die sich denn weiter mittheilte, der Entzündung, die sich verbreitete; sie sind die Gelegenheit, bey wel-

cher mächtige Kräfte anfingen wirksam zu werden, eine Bedingung, ohne welche die große Begebenheit nicht so zu der Zeit, an dem Orte angefangen haben würde. Nie ist die Wirkung größer als die Ursache; oder etwas in der ersten, was nicht in der letztern war. Den Begriffen nach ist also im Verstandlosen und Leblosen, als Ursachen, kein Grund für Verstand und Leben als Wirkungen.

2) Wir wissen aus der Erfahrung gewiß, daß Maschinen durch den Verstand hervorgebracht werden können, aber keinesweges, daß der Verstand je durch eine leblose Maschiene hervorgebracht werden kann. Daß der menschliche Verstand mittelst des Mechanismus eines thierischen Körpers zu empfinden anfängt, und in seinen Verrichtungen davon abhängt, ist noch lange kein Beweis, daß sein Wesen auf dem Mechanismus des Körpers lediglich beruhe, oder daraus entspringe. Vielmehr müssen wir die Seele für ein vom Körper ver-

schie-

schiedenes, immaterielles, einfaches Wesen halten; wenn wir der deutlichsten Entwicklung unsers innersten Gefühles und besten Bewußtseyns trauen wollen; das doch der einzige letzte Grund alles unseres Wissens von Seelen und Denkkräften ist.

3) Wenn wir vielmehr Grund haben, die erste Ursache als ein höchst vollkommenes Wesen uns vorzustellen, denn als eingeschränkt (§. 42.): so müssen wir sie uns auch als erkennend vorstellen. Denn Erkennen und Leben sind nicht nur Vollkommenheiten, Realitäten, so gewiß als etwas; sondern ohne sie haben jedwede andere Eigenschaften gar keinen innerlichen Werth, sondern nur einen äußerlichen für andere lebendige Subjecte. Nur bey diesen findet ein absoluter, innerer Werth Statt.

4) Wir haben weder von der Materie noch vom Verstand eine absolute, ganz durchdringende Erkenntniß. Unterdessen könnte dieser, wenn eines von beiden seyn müßte, noch eher an

dem objectivischen, unabhängigen Daseyn der Materie zweifeln, als an seinem eigenen: Dieß ist es, was die idealistischen Zweifel von jeher veranlaßt hat. Wie sollte uns denn also vielmehr die verstandlose Materie Urwesen und Grundursache scheinen, als Verstand?

5) Die leblose, verstandlose Materie Grundursache des Verstandes? Eines Verstandes? Nein dieser Millionen so mannichfaltiger Arten lebendiger und erkennender Wesen; des so unverkennbar zweckvollen Universums?

Ich breche hier ab; denn ich hatte nicht die Absicht, eine ausführliche Theologie zu schreiben, oder abzuschreiben. Aber ein schönes Geständniß des wahrlich ungern bisher von mir bestrittenen Philosophen kann ich nicht umhin hieher zu setzen. „Ohne hier mit der natürlichen Vernunft über ihren Schluß zu chicaniren — — muß man doch gestehen, daß wenn wir einmal eine Ursache nennen sollen, wir hier nicht sicherer, als nach der

Ana-

Analogie mit dergleichen zweckmäßigen Erzeugungen, die die einzigen sind, wovon uns die Ursachen und Wirkungen völlig bekannt sind, verfahren können. Die Vernunft würde es bey sich selbst nicht verantworten können, wenn sie von der Caussalität, die sie kennt, zu dunkeln und unerweislichen Erklärungsgründen, die sie nicht kennt, übergehen wollte. (Kr. S. 626.)

Ueberhaupt ist es leicht zu bemerken, daß **Kant** gegen das Ende seiner Kritik der Religion und Beruhigung der Vernunft, was er ihr vorher genommen hat, auf einige Weise wieder zu geben bemüht ist.

§. 44.

Verschiedene Gründe des Atheismus.

Nachdem nemlich die Kantische Kritik der speculativen, bloß ihren Begriffen und Erkenntnißgründen folgenden, Vernunft alle Gründe zur Anerkennung einer höchsten Intelligenz abgestritten oder entkräftet hat; so ver-

verweiset sie endlich auf den guten Willen, das moralische Interesse, und behauptet; daß somit die praktische Vernunft zum Glauben ans Daseyn Gottes zureichenden Grund finden könne und müsse. Der Mensch erkenne nemlich den hohen Werth des guten, moralischen Gesetzen als seiner höchsten Richtschnur sich unterwerfenden Willens; er erkenne die absolute Nothwendigkeit, solchen allgemeinen Vorschriften des Verhaltens, um ihrer innern Würde willen auch unabhängig vom Interesse seiner Neigungen, sich zu unterwerfen; zugleich aber leuchte auch ein, daß solche allgemeine Vorschriften, solche für uns absolut verbindliche moralische Gesetze nicht angenommen werden können, ohne die Voraussetzung einer obersten Intelligenz und deren Absichten. Also erfordere es das höchste Gut des Menschen, sein moralisch guter Wille, es sey eine moralische Nothwendigkeit da, diese Voraussetzung, deren Unmöglichkeit die Vernunft nicht erweisen kann, gelten zu lassen und daran zu glauben.

Ich

Ich will mich jetzt nicht beym Einwurf aufhalten, daß diese Philosophie für den noch ungebesserten, bösen Willen, dem ein ganz anderes praktisches Interesse vorschwebt, allzu gefährlich und kraftlos ist; allzu kraftlos auch für den wankenden, schwachen, schweren Versuchungen und Leiden ausgesetzten, guten Willen. Ich will auch dasjenige jetzt nicht aufsuchen, was einigen Kantischen Fordersätzen, zumal wie er solche in seiner Metaphysik der Sitten vorgetragen und ausgeführt hat, die praktische Philosohie entgegen setzen kann. Ich glaube dieses, theils in meiner Beurtheilung der eben genannten Schrift in den hiesigen G. A. theils im dritten Theil meiner Untersuchungen über den M. W. hinreichend bemerklich gemacht zu haben. Nur zwey Gedanken will ich hier suchen aufzuklären; erstlich nemlich, ob und in wie weit der Atheismus vom bösen Willen herkomme, und hernach, was Glauben hier heiße und erfordere.

Es ist eine alte und gemeine Behauptung der Theologen, daß nur der böse verdorbene

dorbene Wille die Menschen zu Atheisten und Ungläubigen mache. Frühe hat mir dieses Urtheil zu hart geschienen. Und ich habe nach und nach mehrere Erfahrungen bekommen, die mich zum Urtheil bestimmen, daß es gute, mehr als gemein gute Menschen geben könne, die am Daseyn Gottes anhaltend zweifeln.

Ueberhaupt aber scheint es mir sehr nützlich, die verschiedenen Ursachen, die den dogmatischen oder skeptischen Atheism erzeugen können, aufzusuchen. Es kann unter andern auch dazu dienen, einigen Arten von Menschen, die da meinen, daß doch wohl vernünftige und starke Gründe zum Zweifeln oder Leugnen da seyn müßten, wo vernünftige, gelehrte Menschen zweifeln oder leugnen, wenn sie selbst auch diese Gründe nicht finden können, dieses ihr Vorurtheil und ihre Besorgniß zu benehmen.

1) Und da gibt es nun allerdings allein schon in den Dispositionen des Kopfes und

des

des Ideensystems allerley Gründe, die zum dogmatischen oder doch zum skeptischen Atheism bestimmen können. Die vornehmsten derselben sind a) die Voraussetzung, daß alles, was vernünftiger Weise, was von einem aufgeklärten und selbstdenkenden Kopfe, für wahr soll angenommen werden, völlig einleuchtend und scharf bewiesen seyn müsse. Ein Vorurtheil, welches einige Schulen der Philosophen erzeugt, wenigstens genährt haben; und wogegen von den ersten Gründen der Philosophie an zu streiten, ich mir um so mehr und um so eher zur Pflicht gemacht habe; je früher ich Erfahrungen von den schädlichen Wirkungen desselben gehabt habe. b) Die Wortphilosophie, die die Natur und ihre Betrachtung verläßt, und auf ihre selbst geschaffene Begriffe und Definitionen Systeme baut. Das ist recht die Philosophie, von welcher der bekannte Ausspruch des *Baco* gilt, philosophia obiter libata a Deo abducit, penitus hausta ad eundem reducit. Denn was kann oberflächlicher und seichter beym Denken seyn,

als

als Worte und Worterklärungen für Sachen und Sacherkenntniß annehmen? Eine solche Philosophie ist die des Spinozismus; wie viel Schein von Tiefsinn und Scharfsinn sie sich auch bisweilen gibt. Immer nur Wort- und Schul-Weisheit; nicht Natur- und Sach-Erkenntniß. c) Hiemit ist verwandt der unmäßige Dogmatismus jedweder Art; und wenn er auch die orthodoxesten Absichten hätte. Denn alle zu dreisten Behauptungen beruhen auf unstatthaften Gründen; mag nun die Anmassung intensiv oder extensiv zu weit gehen. Und wenn nun die Untauglichkeit dieser Gründe und Behauptungen eingesehen wird; so gerathen viele Menschen gar leicht aufs andere Extrem, verwerfen mit einem alles, stürzen sich in völligen Unglauben. So entsteht, wie Socrates beym Plato in der letzten Unterredung mit seinen Schülern und Freunden es nennet, die Misologie, oder das Mistrauen gegen alle Vernunftgründe, wie die Misanthropie, oder das Mistrauen gegen alle Menschen, aus den nun eingesehenen vorherigen Täuschungen und

falschen

falschen Ueberredungen. Oder der ausschweifende Dogmatismus schadet auch dem vernünftigen Glauben durch Erklärungssucht, und durch die alles am Ende verwirrende und verdunkelnde Bemühung, einartig vorzustellen Erkenntnisse, die von verschiedener Art sind. d) Hiezu kömmt noch eine gewisse eigene Schwäche des Verstandes, die nicht im Stand ist, das Gewicht feinerer Bemerkungen zu fühlen, zerstreute Lichtstrahlen aufzufassen und in ihrer Vereinigung fest zu halten. Diese Verstandesschwäche kann bestehen mit einem sehr guten praktischen Verstand im gemeinen Leben, ja auch bey solchen wissenschaftlichen Gegenständen, wo volle Anschauungen, und Erinnerungen an die vormals gehabten Erfahrungen, unser Urtheil und Verhalten bestimmen. Beym Geschäfte der abstractesten Speculationen ist sie ein wesentliches Hinderniß.

2) Alle diese Verstandesgründe können aber ihre nachtheiligen Wirkungen in Absicht auf Religion freylich um so mehr hervorbringen;

wenn eben dahin treibende oder geneigt machende Bestimmungen des Willens hinzukommen. Und dieß können nicht nur die eigentlich so genannten lasterhaften Neigungen eines verdorbenen Herzens seyn; sondern auch andere, wenigstens nicht so hart zu benennende, Eigenschaften und Anlagen des Charakters. Vornemlich a) Stolz auf mehr als eine Weise. Dem Stolzen — freylich ists der unvernünftigste Stolz — aber doch, dem Stolzen kann die Vorstellung verhaßt werden, so abzuhängen von einem höchsten Wesen, so keine Selbstständigkeit von sich und in sich selbst zu haben, so alles nur empfangen zu haben, was ihn über andere Menschen hebt; so gar nichts zu können und zu vermögen ohne Gott! Zumal wenn dieß alles so vorgetragen und übertrieben wird, wie in einigen theologischen Dogmatiken und Moralen geschieht; oder auch bisweilen bey übel verstandener Kinderzucht. Stolz kann auch ungeneigter noch machen, sich zu ergeben auf so schwache Beweisgründe, die nur Wahrschein-

lichkeit

lichkeit bewirken, ungenügsam, eckel machen gegen so weniges Wissen. Stolz endlich kann Ursache seyn, daß die Welt überhaupt weniger gut scheint, nicht das Werk einer allmächtigen, allweisen und allgerechten Ursache; weil dem Stolzen seine Anmassungen und Begierden darin nicht genug befriedigt werden. Stolz kann insbesondere auch zum Spinozismus geneigt machen. Sich identificiren mit Gott, Antheil haben an der obersten Gewalt, die die Natur gründet und regiert u. s. w. Diese Art von Stolz gränzt freylich allernächst an Tollheit an. Wie denn fast kein Tollhaus ist, wo sich nicht einige sich selbst vergötternde Personen finden; die Gott der Vater oder Gott der Sohn zu seyn glauben. b) Hypochondrie, Melancholie, üble Laune können gleichfalls allzuunzufrieden mit der Welt machen, um nicht dem Glauben an Gott und seine Vorsehung Abbruch zu thun. c) Endlich eine gewisse Aengstlichkeit, die Gefahr glaubt, wo keine ist, die Möglichkeiten fürchtet, wenn sie gleich noch so wenig

Grund der Wahrscheinlichkeit für sich haben; und daher auch das doch vielleicht mögliche Wahrseyn des Atheismus fürchtet, und beym Theismus keine anhaltende Beruhigung findet, so sehr sie sich dieselbe auch wünschet.

§. 45.

Ueber Glauben und Wissen überhaupt und in Sachen der Religion.

Kant hat gegen das Ende der Kritik (S. 820 ff.) über diese beiden und einige verwandte Begriffe verschiedenes gesagt, was gelesen und erwogen zu werden verdient. Aber auch folgende Anmerkungen werden zur Aufklärung derselben behülflich seyn können.

1) Wenn Wissen so viel heißt, als gewiß seyn, vermöge vollständiger Einleuchtung, bey äußerer oder innerer Wahrnehmung; und Glauben so viel als etwas, wegen mehr oder weniger starker Gründe der Wahrscheinlichkeit, annehmen und für wahr halten, was man selbst nicht anschaulich erkennt: so ist freylich

Glaube

Glaube ein schicklicherer Name als Wissen, für die Bestimmung unseres Verstandes zur Annehmung religieuser Lehren und Behauptungen. Auch ist jene bescheidenere Benennung von jeher die gemeinüblichste gewesen. Aber nach eben diesen Begriffen muß dann auch eingestanden werden, daß überhaupt bey weitem der größeste Theil unserer Urtheile und Behauptungen, und gerade derjenigen, an denen uns am meisten gelegen ist, nach welchen unsere Entschließungen sich richten, auf Glauben beruht. Wir wissen nicht, sondern können nur glauben, die innern, nicht in die Sinne fallenden Eigenschaften der Dinge, die wir gegenwärtig vor uns haben; wissen es nicht, sondern glauben es nur, mag seyn aus dem besten und vernünftigsten Grunde, daß die Speise, die uns vorgesetzt ist, nicht vergiftet, sondern eine gesunde Nahrung sey; daß der Freund, dem wir alles anvertrauen, nicht Bosheit wider uns im Herzen habe. Wir wissen nicht, sondern glauben nur, daß die Sonne morgen wieder aufgehen werde.

 Ueber-

Ueberhaupt, was künftig ist, wissen wir nicht und können wir nicht wissen, sondern nur glauben. Wir theilen zwar die künftigen Begebenheiten in nothwendige und zufällige ein. Aber die Nothwendigkeit, die wir dabey annehmen, ist keine absolute, sondern nur hypothetisch. Sie beruht auf Voraussetzungen; dergleichen die allgemeine ist, daß die Natur so wie bisher bestehen werde, und daß unsere Erfahrungen uns allgemeine und unveränderliche Gesetze derselben bekannt gemacht haben. Daß wir künftig auch den Satz vom Widerspruch, und was aus ihm evident folgt, für wahr halten werden; wissen wir eigentlich nicht, sondern glauben es nur, und sind genöthigt es zu glauben (§. 9.). Wir können wohl einige Erwartungen von der Zukunft haben, die so fest gegründet sind, daß wir Ehre und Leben darauf setzen dürften, wenn es darauf ankäme, eine schädliche Entschließung dadurch zu verhindern, oder eine pflichtmäßige zu bewirken. Aber nach dem vorausgeschickten strengen Begriff kann es kein Wissen

geben

geben von dem, was künftig ist; sondern nur Glauben. Eben so wenig ist das Abwesende, und das Vergangene, was wir nicht selbst erfahren haben, Gegenstand des Wissens. Ich weiß nicht und kann nicht wissen, ob London und ganz Groß-Britannien jetzt noch vorhanden sind, wie sehr ich auch Ursache habe es zu glauben, und meine Entschließungen darnach einzurichten. Ich kann freylich nicht daran zweifeln, daß Cicero und Luther gelebt haben; aber ich weiß es doch nicht, im strengsten Sinn des Wortes, sondern muß es nur glauben. Daß wir bey der Erinnerung an unsere eigenen gehabten Erfahrungen bisweilen nur Glauben und nicht Wissen haben, gesteht wohl jeder ein. Allzuskeptische Philosophen haben das Wissen hiebey überhaupt verdächtig machen wollen; so daß sichs denn lediglich auf die gegenwärtige Anschauung einschränkte. Aber dem widersetzt sich das Bewußtseyn in vielen Fällen zu stark, und dringt darauf, daß wir in denselben unsere Erinnerung für Wissen gelten lassen müssen.

2) So verschieden auch Wissen und Glauben seyn können: so muß das Glauben doch Wissen zum Grunde haben, wenn es vernünftig, ja einigermassen auch, wenn es nur möglich seyn soll (§. 33.) Und es ist desto vernünftiger, je mehr es mit dem, was wir wissen, übereinstimmt, oder je mehr wir von dem was wir glauben gewiß wissen, d. h. *am* Ende je mehrere Analogien in unsern äußern und innern Erfahrungen es für sich hat. Das wenigste, was wir wissen müssen, um vernünftig glauben zu können, ist daß, was wir glauben sollen, keinen Widerspruch mit sich führt; weder in sich selbst, noch mit etwas anderem, was wir gewiß wissen oder glauben müssen. Denn es ist unmöglich, das offenbar widersprechende anzunehmen. Auch das können wir nicht annehmen, was offenbar widerspricht dem, was wir um stärkerer Gründe willen, als jenes für sich hat, glauben müssen; so lange die Gründe in diesem Verhältnisse uns erscheinen. So wird die aufgeklärte Vernunft sich nicht entschliessen können, eine

Offen-

Offenbarung als göttlich anzunehmen, die etwas wider die ausgemachtesten Begriffe von Güte und Weisheit streitendes enthielte. Diese Grundsätze sind unverwerflich; wie sehr auch bey der Anwendung gefehlt werden könnte.

3) Bloßes Wollen kann also und soll nicht Grund des Glaubens seyn; wie sehr auch dasselbe das Glauben erleichtern und befördern, ja sogar Ursache eines eingebildeten, und entfernter Weise auch eines wirklichen Wissens seyn kann. Ohne alle Erkenntnißgründe kann der Verstand nicht zum Urtheil sich bestimmen; selbige sind allemal nothwendig, sie mögen auch noch so wenig Wahres enthalten, noch so vieles von leerer Einbildung und Blendwerk. Und vor dem gesunden Verstande und der frey forschenden Vernunft besteht der Glaube um so besser, je mehr vom Interesse unabhängigen Grund er hat.

4) Wissen und Glauben können überhaupt beide sowohl aus particulärem oder indivi-

duellem, als aus gemeinem Grunde entspringen. Ich weiß, daß ich jetzt lebe und denke, und Körper vor mir sehe, und bin dessen gewiß, ob es außer mir jemand weiß und glauben mag oder nicht. Eben so in Absicht auf viele meiner Erinnerungen. So könnte also — wenn es überall nicht widersprechend wäre — Jemand durch Empfindungen von Gottes Daseyn und unmittelbarer Wirkung Gewißheit haben; ob er diese seine Gewißheit gleich keinem andern mittheilen könnte. Und widersprechend — wollen wir es lieber doch nicht nennen, wir möchten mit dem Beweise zu kurz kommen; sondern uns begnügen, vor Täuschung und Selbstbetrug dabey zu warnen. Noch weniger ließe sich gegen individuelle Glaubensgründe in der Religion einwenden. Einen solchen Grund haben gewiß viele gute Menschen in der Erhörung ihrer tugendhaften, vernünftigen Gebete. Und ich bekenne es von mir selbst eben so freymüthig vor aller Welt, als ich die innigste und seligste Empfindung von dieser Wahrheit oft gehabt habe, und

noch

noch habe. Mögen Denker und Denkerlinge, wenn sie es für anständig halten, bey sich selbst oder laut hierüber lachen; mögen sie es Frömmeley, oder gar, wenn ihr Verstand und Herz es ihnen erlauben, Heucheley für die vermeintlich gute Sache nennen. Ich kann es ihnen alles vergeben. Nur bitte ich, die Mühe sich zu sparen, mir etwa meine Täuschung wegerklären zu wollen, durch Grundsätze der Philosophie, die ich sicherlich alle schon weiß und lange gewußt habe. Hingegen fordere ich auch im mindesten nicht, daß sie dieser meiner Erfahrungen wegen an Gebetserhörung, oder nur an das Daseyn Gottes glauben sollen. Allgemeiner anerkannt sind die Gründe zum Glauben an Gott und seine weise und gütige Vorsehung, die in eines jeden Menschen besonderer Führung und Schicksalen liegen. Und gewiß wer hier unpartheyisch und aufmerksam forscht; wird nicht lange vergeblich suchen; wird bald geneigt werden, die Folge und Verflechtung seiner Schicksale und seiner Ausbildung, eben so wenig seiner und anderer Menschen Klugheit und Absichten, als einem blinden Ohngefähr, allein, sondern vielmehr einer allwaltenden Weisheit und Vaterliebe zuzuschreiben.

5) Glauben heißt besonders auch so viel, als auf Auctorität, göttliche oder menschliche, gegründeter Beyfall. Und man hat längstens auch menschliche Auctorität zu einem Grund des Glaubens in der Religion zu machen gesucht, in dem bekannten Argumente von der **Uebereinstimmung aller Völker.** Und ob dasselbe gleich von einem eigentlichen Beweise weit absteht: so ist es so ganz unbedeutend doch nicht, als es einigen geschienen hat. Naturgründe werden immer vermuthlich bey so allgemeinen Meinungen, als die von einer geistigen Ursache und Regierung der Welt wirklich ist. Weitere Untersuchung ist aber freylich dabey noch immer nöthig.

6) Unterstützung durch Auctorität, und mehr als menschliche Auctorität, ist dem größern

Theil

Theil der Menschen bey ihrem religieusen Glauben unentbehrlich. Dieß fühlt der speculative Denker bey sich selbst bisweilen so wenig; daß er sogar wagt, es für streitend mit der göttlichen Weisheit oder Güte zu erklären, andere Wahrheiten zum Glauben uns vorzulegen, als solche, die wir natürlicher Weise erkennen und auffinden. Aber der Denker schließt alsdann zu übereilt von sich auf andere, und hat die Menschen zu wenig beobachtet. Es ist zum Erstaunen, wie geneigt die Menschen zu einem solchen Glauben in Sachen der Religion sind, und wie wenig — in Vergleichung damit — geneigt zum anhaltenden Selbstdenken. Dieß ist so wahr auch in unsern Zeiten, wo vom Denken, und Selbstdenken und Freydenken so viel gesprochen und geschrieben wird; ja es gibt so eigene Gelegenheiten, sich hievon zu überzeugen, eben in diesen aufgeklärten letzten Zeiten, daß nur derjenige hieran zweifeln kann, der nicht untersucht und beobachtet hat, der Beobachter aber oft in das größeste Erstaunen geräth.

Gewiß

Gewiß also ist es vergebens, verkehrt und schädlich, die Menschen in der Religion ohne Auctorität erhalten und leiten zu wollen. Aber verdienstlich ist es, die besten Einsichten der Vernunft zur Reinigung und zur Befestigung des gereinigten Glaubens anzuwenden, und die Auctorität herrschsüchtiger Menschen von den vermessenen Eingriffen in die ausgemachtesten Rechte der Vernunft abzuhalten — Sollte aber wohl die Vorsehung nichts gethan haben für das, was so sehr Bedürfniß ist?